职业本科经管类系列特色教材

会计信息系统
——基于用友U8.15业财一体信息化

ACCOUNTING INFORMATION SYSTEM

孙美娇　李　莉　主编

中国财经出版传媒集团

经济科学出版社
Economic Science Press

图书在版编目（CIP）数据

会计信息系统：基于用友 U8.15 业财一体信息化 /
孙美娇，李莉主编 . —北京：经济科学出版社，2023.8
职业本科经管类系列特色教材
ISBN 978 - 7 - 5218 - 5039 - 0

Ⅰ . ①会… Ⅱ . ①孙… ②李… Ⅲ . ①会计信息 - 财
务管理系统 - 职业教育 - 教材 Ⅳ . ①F232

中国国家版本馆 CIP 数据核字（2023）第 156978 号

责任编辑：杜 鹏 郭 威
责任校对：隗立娜
责任印制：邱 天

会计信息系统

——基于用友 U8.15 业财一体信息化

孙美娇 李 莉 主编

经济科学出版社出版、发行 新华书店经销

社址：北京市海淀区阜成路甲 28 号 邮编：100142

编辑部电话：010 - 88191441 发行部电话：010 - 88191522

网址：www. esp. com. cn

电子邮箱：esp_bj@ 163. com

天猫网店：经济科学出版社旗舰店

网址：http://jjkxcbs. tmall. com

固安华明印业有限公司印装

787 × 1092 16 开 18.25 印张 420000 字

2023 年 9 月第 1 版 2023 年 9 月第 1 次印刷

ISBN 978 - 7 - 5218 - 5039 - 0 定价：49.00 元

（图书出现印装问题，本社负责调换。电话：010 - 88191545）

（版权所有 侵权必究 打击盗版 举报热线：010 - 88191661

QQ：2242791300 营销中心电话：010 - 88191537

电子邮箱：dbts@ esp. com. cn）

前　言

　　会计信息系统是指利用计算机技术和信息技术，以及相关的管理和控制方法，对企业的会计数据进行处理、存储、传输和分析的系统。随着信息技术的迅猛发展和企业经营环境的变化，会计信息系统正逐渐从传统的财务核算工具演变为支持企业全面管理决策的重要工具，基于业财一体信息化视角成为会计信息系统建设与发展的重要方向。在此背景下，我们与用友新道科技股份有限公司在深度挖掘校企合作、产检融合的背景下联合开发本教材，将用友 U8.15 系统作为一种先进而全面的会计信息系统解决方案，为企业提供了强大而灵活的应用支持。本教材将以此为前提，探讨基于业财一体信息化视角下使用用友 U8.15 系统建设会计信息系统的意义与挑战。

　　首先，基于业财一体信息化视角下使用用友 U8.15 系统建设会计信息系统具有重要意义。在竞争激烈和变化多样的市场环境中，企业需要从各个部门和环节获取准确、及时、全面的财务数据，并将其整合与分析以支持管理层决策。而用友 U8.15 系统作为一个综合性、灵活性强且集成度高的解决方案，能够有效地满足企业对会计数据处理、分析和报告等的需求。

　　其次，基于业财一体信息化视角下使用用友 U8.15 系统建设会计信息系统也面临着挑战。现代企业经营环境复杂，需要处理大量来自不同业务系统和部门的数据。因此，使用用友 U8.15 系统建设会计信息系统需要具备高度的灵活性和可扩展性，能够与其他管理信息系统进行无缝集成。此外，数据安全性和隐私保护也是使用用友 U8.15 系统建设会计信息系统时需要特别关注的问题。

　　基于业财一体信息化视角下使用用友 U8.15 系统建设会计信息系统需考虑以下几个方面。

　　首先，教材注重数据集成与共享。用友 U8.15 系统具备强大的数据集成能力，能够将来自不同部门和业务系统的数据整合到一个统一的平台上。在建设会计信息系统时，应合理规划和设计数据集成策略，确保各个业务模块之间的数据流畅性和一致性。

　　其次，教材注重流程优化与自动化。用友 U8.15 系统拥有丰富的工作流管理功能和自动化处理机制，在会计信息系统建设中可以利用这些功能来优化财务核算、报表编制等流程，并实现相关任务的自动化处理。通过提高工作效率和准确性，进一步提升整体财务管理水平。

　　再次，教材注重决策支持与分析。用友 U8.15 系统提供了各类财务指标分析、绩效评估等功能模块，在会计信息系统中嵌入这些决策支持工具可以帮助企业更好地利用财务数据进行决策。在建设过程中需确定好决策支持需求，并有针对性地配置相应模块与功能。

最后，教材注重安全与隐私保护。企业财务数据属于敏感信息，在使用用友 U8.15 系统建设会计信息系统时，应加强数据安全管理，采取必要的权限控制措施、数据加密技术和访问审计等手段，确保数据的机密性和完整性。

本教材力图通过合理规划和设计，充分发挥用友 U8.15 系统的功能优势，将会计信息系统打造成为企业决策支持和管理优化的强有力工具。同时本教材的编写获得 2022 年江西省教育厅课程思政示范项目立项。

编者

2023 年 8 月

目　录

第一章　会计信息系统概述

【学习目标】

1. 认知会计信息系统相关概念；
2. 复述会计信息系统体系结构及各子系统之间的数据传递关系；
3. 分析会计信息系统与手工核算的区别；
4. 领会会计信息系统的新发展。

美国《纽约时报》专栏作家托马斯·弗里德曼在《世界是平的：21 世纪简史》一书中描述了信息技术的发展及其对世界的影响，"当今世界的竞技场已经被夷为平地""世界是平的，意味着在今天这样一个因信息技术而紧密、方便的互联世界中，全球市场、劳动力和产品都可以被整个世界共享，一切都有可能通过最有效率和最低成本的方式实现"。

信息时代的到来使会计面临的环境发生了巨大的变化。同时，信息技术凭借其超强的渗透能力在会计领域也得到了广泛的应用。从早期的会计电算化（会计核算）XBRL（财务报告），到当期的财务共享服务（财务模式）、云计算会计服务（会计核算）、机器人流程自动化（财务决策）、电子发票（会计凭证）、区块链技术（会计信息安全）等。特别是以"大智移云"为代表的主流信息技术，已经或者正在对会计产生影响。

第一节　大智移云等技术对会计的影响

上海国家会计学院组织发起的"影响中国会计人员的十大信息技术"评选活动，旨在帮助会计人员积极应对信息技术带来的挑战，用乐观的心态拥抱新技术，最终成为技术大变革时代有所作为的群体。各年评选结果见表 1–1。

表1-1　　　　　　　　　"影响中国会计人员的十大信息技术"各年评选结果

年份	信息技术
2020	财务云、电子发票、会计大数据技术、电子档案、机器人流程自动化（RPA）、新一代企业资源计划、区块链技术、移动支付、数据挖掘、在线审计
2019	财务云、电子发票、移动支付、数据挖掘、数字签名、电子档案、在线审计、区块链发票、移动互联网、财务专家系统
2018	财务云、电子发票、移动支付、电子档案、在线审计、数据挖掘、数字签名、财务专家系统、移动互联网、身份认证
2017	大数据、电子发票、云计算、数据挖掘、移动支付、机器学习、移动互联、图像识别、区块链、数据安全技术
2002	会计核算与财务管理软件、企业资源计划（ERP）、数据/信息安全与控制、数据库技术、网络与计算机安全、计算机辅助审计、计算机病毒与防治、数据备份与恢复、企业网技术、制表软件与电子表格

　　从以上评选结果来看，大智移云技术是常客，说明人们就这些技术对会计的影响已经达成共识。然而，信息技术的发展是无止境的。就会计人员而言，时代赋予的使命不是努力钻研信息技术，而是结合环境的变化，从认知角度思考信息技术应该在会计领域内的哪些应用场景落地并加以实践，从而为会计理论发展与实务应用赋能。实际上，技术的应用对传统会计领域的工作方式和思维方式已经产生了深远的影响，电子商务的蓬勃兴起进一步推动了会计领域的变革。在信息技术的推动下，会计的职能不仅是报告组织过去的活动，而且必须积极主动地报告现在和将来的活动；不仅要报告组织的财务信息，而且要报告业务信息；不仅要知道经济活动的结果，而且要知道经济活动发生的原因。只有这样，会计才能为组织创造价值。

一、大数据技术对会计的影响

　　面对大数据时代产生的新思维、新技术与新方法的变革，会计人员要能了解数据的采集以及数据处理技术的变革，要能挖掘数据、分析数据、驾驭数据，要及时、准确地从大量复杂的数据中辨认出其对会计的意义与价值，进而协助决策人员作出最佳的决策。大数据对会计的影响，主要表现在以下几个方面。

（一）从事后的财务报告向实时财务报告发展

　　按照会计分期假设，会计人员在会计期间结束后才能编制财务报告，其中，年度财务报告较晚的在会计期间结束后四个月才能披露，严重影响了会计信息的及时性。采用这种事后编报财务报告的方式，对于反映日益频繁和复杂的企业经营管理活动的财务信息则显得过于迟缓。随着企业竞争的加剧，越来越多的人意识到实时财务报告的重要性，而大数据技术使实时财务报告成为可能。实时财务报告是信息技术与大数据技术交叉融合的产物，是信息化条件下会计技术和方法发展的必然产物，尤其是对业务数据和风险控制"实时性"要求较高的特定行业，如银行、证券、保险等行业，在这些行业中实施实时财务报告迫在眉睫。在大数据时代，构建企业实时财务报告系统的步骤主要包括：一是将企业内部局域网中的会计信息系统与管理信息系统的数据整合建立企业的中心数据库，并在企业中心数据库中及时添加和更新企业生产经营活动的数据；二是建立企业实时财务报告系统网站，并将企业中心数据库与外部互联网连通，及时采集与企业生产经营活动相关的外部数据，实现数据共享和同步更新，并进行相互印证，分析发生差异的原因；三是由企业的会计人员和信息技术人员对数据库中的信息进行技术处理，经审计后上传至企业实时财务报告系统网站，为财务报告使用者提供实时的财务会计信息。

（二）从反映过去向预测未来发展

长期以来，企业会计的主要职能是反映过去，对预测未来则显得力不从心。当前形势下，企业会计预测未来比反映过去更为重要。在大数据时代，会计工作的重心发生改变，会计人员所发挥的战略性和前瞻性作用更强。会计人员需要不断收集、储存和传递海量数据，利用数据挖掘和数据分析对企业的未来进行预测，采取风险防范措施，推动企业业绩增长和价值提高，同时为股东等利益相关者提供有利于其作出决策的相关信息。会计要从反映过去向预测未来发展，需要做好以下工作：首先，制定预测未来数据的相关管理制度和办法，明确规定对预测数据的评估程序和方法，将企业的数据资产作为整体资产的一个重要方面进行记录、储存和保护，充分发挥数据资产的作用；其次，利用实时更新的大数据为企业提供更具针对性的决策支持，编制财务预算报告或提出风险预警报告，并将其及时提供给企业管理者和股东等利益相关者；最后，企业利用大数据对未来进行预测的目的是实时识别风险和提高风险控制能力，因此，企业各种实时数据要及时用于评估生产经营活动所面临的短期风险和长期风险，并有针对性地提出风险应对策略。

（三）从单一财务管理向综合财务管理发展

在大数据时代，财务管理的理念发生实质性的变革。企业财务管理不再局限于单一的财务范畴，而是延伸到计划、供应、生产、销售、研发、人力资源和战略制定等更广泛的领域，也就是说，财务管理的主要任务和中心工作是收集、处理、分析和管理与企业业务有关的一切数据。很多与传统财务管理范畴无关的业务和内容将被纳入大数据时代的财务管理，因此，可以称之为综合财务管理。正因为有了大数据的支撑，一方面，财务管理人员可以通过对企业内外部各种数据的采集、挖掘，掌握全面、大量的有用信息，从而深入分析企业的生产经营活动情况，了解企业面临的内外部风险，促使企业正确面对现在与把握未来；另一方面，财务管理人员在进行相关数据分析时，可以及早觉察到企业生产经营活动的异常情况，提醒企业管理人员及时采取应对措施，堵塞各种漏洞，减少可能的损失。综合财务管理拓展了财务管理的领域和深度，从企业所处的国内外形势、行业现状与前景、企业的竞争能力、有形资产与无形资产状况、产品价值优势和自身财务状况出发，进行深入、细致的分析与评估，真正做到不仅

"知己"，而且"知彼"。从这个意义上来说，在大数据时代，综合财务管理将成为企业在激烈的市场竞争中取胜的核心要素。

二、人工智能技术对会计的影响

当前，人工智能在会计领域的应用只是对逻辑性强、重复性高的工作部分加以替代，以降低会计工作成本，提高会计工作的准确性和及时性。人工智能在会计工作中应用的场景主要有语音指令会计核算、机器视觉核对验证、财务大数据分析、财务风险智能控制、提供精准预测方案等，主要以机器人流程自动化（RPA）的应用方式呈现。

（一）语音指令会计核算

人工智能在语言方面的交互性已十分强大，可以提取语音中的关键信息，自动进行归纳分类，直接存储在"机器大脑"中并向系统发出指令完成操作。语音指令会计核算主要采用语音识别、语音转换技术，通过人工智能训练把语义自动转换为结构化信息，自动完成资产、负债、收入、成本、费用类型的金额、时间、地点的填写和核算。

语音指令会计核算包括语音指令记账、语音指令核算和语音指令编制财务报表。语音指令记账是会计人员发出语音指令，人工智能根据指令就能完成记账；语音指令核算是会计人员发出语音指令，人工智能根据指令输出核算过程和结果；语音指令编制财务报表是会计人员发出语音指令，人工智能自动完成财务报表编制。会计人员在与人工智能的交互中，轻松完成会计核算，从而使会计核算流程变得简单、快速和高效。

（二）机器视觉核对验证

机器视觉是人工智能正在快速发展的一个分支。机器视觉是指从客观事物的图像中提取信息，用机器视觉代替人眼进行核对处理并加以理解，用于实际检测、测量和控制。机器视觉在会计领域中的应用，就是通过机器的"眼睛"和"大脑"的功能，把影像文件转化成结构化数据，并作出测量、判断、核对和验证。其主要包括：（1）会计凭证查重、验证。在会计核算工作中，需要检查发票等原始凭证是否重复，并对其真实性与合规性进行审核。传统方法是人工登录税务局网站输入相关信息后逐个查询，而机器视觉能将该项工作完全实现自动化。（2）自动完成记账，价税分离。审核原始凭证是会计核算的第一步，在原始凭证审核完成后需要根据复式记账原理选择核算科目和数量、单价、金额，机器视觉可以自动确定核算科目和数量、单价、金额，并根据原始凭证的类型和业务情况自动确定税额。

（三）财务大数据分析

通过人工智能系统，会计人员可以对同行业国内外情况、公司内部财务状况与生产经营等各个方面的数据进行挖掘、分析、整理、对比，将所收集和录入的数据分成不同方面进行数据整合，以满足经营管理的需要。首先，会计人员可以利用人工智能广泛收集相关信息，形成数据库并实时更新，综合不同的数据集进行全方位核算。其次，会计人员可以利用数据挖掘和分析技术发现并推断数据间的关系，建立相应的数据模型。最后，会计人员可以依据大数据的分析结果，结合公司实际情况，选择相应参数，得出相关结论，服务于管理层决策。在应用人工智能技术后，事前风险分析、事中数据分析、事后绩效分析等都将成为财务大数据分析的新内容。

（四）财务风险智能控制

财务风险智能控制是把人类具有的直觉推理和试凑法等智能加以形式化或机器模拟，用于财务风险控制系统的分析与设计，使之在一定程度上实现财务风险控制系统的智能化。财务风险智能控制是指不需要人的干预就能够根据深度学习自主地驱动智能工具实现自动控制目标，这是人工智能模拟人类智能的一个重要方面。现代信息化财务风险控制系统需要依赖那些不够完备和不够精确的数据来解决难以控制或无法控制的问题，财务风险智能控制技术为解决这一难题提供了有效的方案。目前，财务风险智能控制的流程主要有：（1）利用模糊数学、神经网络方法对财务风险控制过程进行动态环境建模，利用传感器融合技术进行数据的预处理和综合；（2）采用专家系统作为反馈机构，修改控制环节或选择较好的控制模式和参数；（3）利用模糊集合决策选取决策模型进行财务风险控制；（4）利用神经网络的学习功能和并行处理数据的能力进行在线模式识别；（5）自动进行财务风险预警，自动实施财务风险控制。

（五）提供精准预测方案

人工智能的实际应用就是带来各种精准的预测方案供选择。实际上，人工智能是一种预测技术。生产经营预测对公司发展来说是不可或缺的重要环节，它主要通过总结以前公司在发展中的生产经营数据，对公司未来可能出现的生产经营数据进行测算和规划。传统的生产经营预测是将人工录入的单一数据作为基本依据，这会存在很大的不稳定性，同时数据的精准性也存在问题。当人工智能被应用于预测时，可以从多维度、多角度对公司数据进行全面收录，除了数字，还包括文本和图像，甚至包括与客户的通话记录。此外，人工智能可以根据不同参数及时提供多种精准的预测方案，这是传统的生产经营预测无法做到的。

三、"互联网＋"对会计的影响

"互联网＋"促进了会计服务的升级换代，对现有会计业务的转型具有巨大的促进作用，甚至可能颠覆现行会计服务模式。

（一）"互联网＋"推进会计服务水平升级

"互联网＋"促进社会化分工，强势构建新型现代会计服务业体系，并推进会计服务水平的升级。"互联网＋"使会计服务重点从财务会计向管理会计转变，给管理会计的发展带来了新的机会。传统的会计服务仅提供简单、标准化的财务信息。"互联网＋"会计服务将逐渐转变为重点提供参与决策分析、创造价值、提供战略支持的管理会计服务。管理会计是现代企业管理的重要组成部分，在提升我国企业经营管理水平和促进企业可持续发展等方面发挥着越来越大的作用。

打造会计服务"升级版"的重点在于大力培育和发展管理会计，并推进管理会计服务的转型。传统的管理会计是基于静态预算进行反馈、控制和评价的机械体系，而"互联网＋"时代的管理会计将转变成根据环境变化进行动态预测和计划，提供实时决策支持，柔性优化资源配置，持续改进绩效，有助于构建科学的财务分析与预测、财务战略规划资本市场运作、全面预算管理体系以及全面风险管理、绩效管理、商业模式等专业体系，其提高决策支持能力、降低成本费用、提高企业竞争力的重要作用日益突出。

在"互联网＋"作用下，现代会计服务业体系变得日益丰富，在为传统的企业所有者和利益相关者提供相关财务信息的同时，更多地为企业管理者提供全面、及时、相关和可靠的决策信息与管理信息，提升会计的服务水平。

（二）"互联网＋"助力会计服务效率提高

在"互联网＋"时代，高效运作的企业对会计服务效率提出了更高的要求。"互联网＋"使会计核算从事后处理发展到事中处理，使财务管理从静态管理走向动态管理，使会计监控从间断性监控走向持续性监控，突破了传统会计分期理论，使会计数据更具有决策意义，会计信息在企业管理过程中将发挥更加积极的作用。

（三）"互联网＋"促进会计服务平台建设

"互联网＋"是把互联网的创新成果与各行业深度融合，提升行业创新能力和服务能力，形成更广泛的以互联网为基础设施和创新要素的行业新生态。在"互联网＋"时代，会计服务的平台建设是关键，企业应当建设财务共享服务平台以集中数据，从而强化内部控制、降低风险、提高效率，为所有者和经营管理者提供广阔的服务空间。

财务共享服务平台是依托信息技术、云计算和大数据，以财务业务流程处理为基础，以优化组织结构、规范流程、提升流程效率、降低运营成本或创造价值为目的，以市场为导向为内外部单位提供专业化服务的分布式管理模式和平台。通过财务共享服务平台，集团公司可以让分公司、子公司把数据导入系统，做到事前提示、事中控制、事后评价；可以利用先进的信息技术和网络财务软件，实现"协同业务、集中管理"；可以在平台上建立财务模板，尽可能取消人工作业，让业务数据自动生成有用的财务信息；可以运用标准化系统执行各项业务，减少偏差及各业务单元可能存在的暗箱操作，降低各种风险；可以通过设置让系统自动提示例外和预警，加强对下属机构的财务监控；可以利用系统的开放性建立各数据共享接口和平台，满足各方不同需求；可以通过系统定期生成符合会计准则要求的财务报表及符合管理要求的管理会计报表等。因此，企业财务共享服务平台的建设和完善是实现会计服务转型升级的关键环节。

（四）"互联网＋"改善会计服务资源配置

"互联网＋"在提高社会生产效率和资源配置效益以及改变人类生活方式等方面发挥着不可逆转的巨大作用。互联网技术催生新的增值服务，改变会计服务业价值链的价值分布。互联网的互联互通让会计服务资源有机会流动起来，解决会计服务资源闲置的问题，从根本上打破过去会计人员独立和封闭的工作单元。

我国财政部门相关数据显示，会计人员供给的结构性过剩和需求缺口同时存在，这种矛盾在"互联网＋"时代将有可能通过会计服务众包模式得到解决。众包是互联网环境下重要的生产组织方式，它通过有效配置资源，有效利用资源的闲置产能，形成一种分散而又分享的经济形态。会计服务众包模式已经被应用于实践之中。在开放的会计服务在线平台上，持有会计专业技术资格证书的人员可以注册、认证、考试及接单。注册、认证、考试完毕的会计人员只要有空闲的时间，有电脑，有网络，就可以随时随地通过会计服务在线平台处理各种财务会计事项，如在线查阅用户账单凭据、做账、进行财务审批、更新财务制度、编制财务报表、完成纳税申报、交付成果、提供咨询等。

（五）"互联网＋"实现全流程会计服务

企业内部的业务流程很多，如以购销链为主的物流、以生产管理为主的信息流、以财务资金为主的资金流。传统的会计服务是基于对资金流的分析，提出改进管理的意见和建议，这无法保证财务与业务步调一致。在"互联网＋"时代，企业会计人员可以通过构筑电子商务信息平台、连接智能物流骨干网和金融服务平台，及时取得企业内部和外部的相关数据，成功实现信息流、物流、资金流"三流合一"，贯穿从用户需求分析、服务准备到服务改进的整个业务流程，从而提供无缝衔接的全流程服务。

在经营过程中，企业无论是进行宏观分析还是进行微观分析，无论是进行概率预测还是进行趋势判断，都需要有相应的数据作为支撑。在"互联网＋"时代，以大数据平台为支撑，详细记录每一个用户对产品和技术的要求，及时收集市场对产品和技术的反馈，有助于制定精细化的产品营销策略。同时，企业可以根据所存储的大量数据，对生产、经营和销售过程进行深入挖掘，开展多维度的定量和定性分析，适时调整计划、方案，规避经营和财务风险，及时发现问题并提出成熟的解决方案，最终改进信息流、物流、资金流管理。

（六）"互联网＋"优化会计服务企业布局安全

互联网促进各地资源对接，推动会计服务全国一体化发展。在全国东西部经济发展不平衡条件下，我国会计服务业发展也呈现割裂的状态，与中西部地区相比，东部地区会计服务企业多、从业人员素质高、业务快速发展。但是，伴随着互联网普及率的提升和物流基础设施的完善，中西部地区同样能享受到东部地区高水平的会计服务。从会计服务企业的布局上来看，会计服务企业选址大多在北京、上海、广州、深圳、大连、成都和武汉等城市及其周边地区。这些城市凭借良好的互联网基础设施和会计人才资源禀赋，在业务先进性、行业代表性、服务辐射性、规模增长性四个方面呈现出各自的特色。

"互联网＋"助力会计服务企业实施国际化战略，一点接入、服务全球。移动互联网的快速发展为会计服务企业国际化经营提供了不可或缺的便利条件，很多会计服务企业利用移动互联网开启了"走出去"的新征程，扩大了会计服务的全球竞争版图。会计服务企业一方面要把握移动互联网所带来的会计服务国际化的机遇，学习、掌握国际会计服务的相关规则和互联网应用技术，在会计服务工作中应用大数据、云计算等手段，借助新工具，更高效地履行会计服务、决策咨询、辅助管理等职能；另一方面要适应互联网所带来的业务延伸新挑战，加强国际化能力的全方位锻造，在承接境外企业会计外包等新业务时，运用该国语言提供的符合当地会计政策的会计服务解决方案将赢得境外企业青睐。

（七）"互联网＋"改变会计服务监管模式

互联网为建立庞大的会计服务平台提供了可能，加速了会计综合服务的趋势，也对现行的针对会计服务行业的分业监管提出了挑战。会计记账由财政部门监管，税务代理由税务部门监管，证券咨询服务由证券管理机构监管，统计资料提交由统计管理部门核定格，注册登记由市场监督管理部门管理，诸如此类的分业监管的政府管理体制会造成信息孤岛，增加社会管理成本。会计综合服务是大势所趋，跨市场、跨行业的会计服务层出不穷，分业监管越来越不适应当下会计服务业发展的需求。为此，一方面，会计服务行业要打通信息障碍，数出一门，让数据发挥更大价值，综合利用各种数据；另一方面，政府部门要进一步简政放权，让市场自由选择，充分发挥市场主体和中介机构的作用。在"互联网＋"时代，实行适合会计综合服务的混业监管模式，不仅能提高管理效率，降低行政管理成本和社会成本，而且可以促进会计服务内容、管理模式乃至管理思维不断创新。

未来的监管模式可以采取弹性互动机制。首先，由会计服务行业的社会组织根据相关企业标准制定行业公约，提升行业自律水平；其次，政府监管部门在对行业公约进行广泛调研并取得行业认可的基础上，最终将其转化为制度规范。这种自下而上自觉提炼、发现规则与自上而下沟通协商、完善规则的互动机制对整个社会的良性运行和制度规范的优化有极大的益处。

四、云计算对会计的影响

会计理论、会计技术的每一次重大变革，都是伴随着商业模式的重大变革而发生的。在云计算模式下，终端用户将自己的数据资源交给云计算服务提供商管理，这就产生了数据资源等资产确认、收入确认与计量、成本确认与计量、会计凭证合法有效性以及云计算安全等问题。

（一）云计算对数据资源等资产确认的挑战

在云计算模式下，终端用户的数据资源脱离终端用户的控制进入云计算服务提供商的系统，改变了传统模式下数据资源存在于终端用户系统的事实，这就动摇了资产确认的"存在性"认定。这使提供数据的公司在会计期末确认数据资源等资产的价值时在技术上增加了难度。此外，缺乏有效地保护用户数据安全的网络框架体系也使数据资源等资产的确认与计量存在困难。存储于云中的数据完全依靠云计算服务提供商的保障，在数据资源等资产安全方面存在极大的不确定性。例如，若存储和处理数据的服务提供商倒闭，那么存储于云中的数据就有可能丢失。再如，云计算服务提供商迁移或删除旧数据会导致用户的数据遗失。另外，一旦发生自然灾害，导致服务提供商的服务器毁损，也有可能导致用户数据丢失。因此，云计算模式改变了传统上对数据资源等资产的确认模式，使传统的资产确认、计量模式受到很大的冲击。

（二）云计算对收入确认与计量的挑战

云计算产业将会带动软件、信息服务、互联网、服务器、存储、网络设备、数据中心等行业的发展，可以说是对整个计算机、互联网产业链的重构。云计算改变了传统的商业模式，导致各个交易环节重构，因此必须进行新的交易安排。云（即数据资源）服务商、平台提供商、应用软件服务商乃至终端用户等从事云计算业务的各种市场主体之间发生的交易可能具有新的特点，企业应据此更新交易的内涵，并重新设计交易框架。例如苹果应用商店提供软件开发工具包（software development kit，SDK）并与软件开发者分成的模式颠覆了传统的收入模式。未来云计算产业的发展还将孕育出更多的模式，因此，如何区分云计算服务提供商与其相关产业的收入，如何确认云计算服务提供商的收入，这是亟待研究和解决的问题。事实上，基于种种原因，即使是云计算服务提供商，目前也无法明确列出业务收入中来自云计算的部分，更不可能对其进行及时、正确的确认与计量。

（三）云计算对成本确认与计量的挑战

云计算服务提供商不仅难以对云计算的收入进行及时、正确的确认与计量，而且难以对云计算的成本进行及时、正确的确认与计量。云计算的成本包括很多内容，其中一些成本可能是云计算服务提供商意想不到的，这些成本虽然未必会降低云计算服务提供商从云计算中获得的实际商业价值，但会给云服务的总成本带来影响。云计算服务提供商应采取措施来管理固有风险和意想不到的各类成本。

从目前来看，云计算的成本主要包括：（1）迁移和存储数据的费用。把大量数据迁移到公共云上并长期存储它们，每年都需要花费资源。如果没有完全理解云计算模式，就不会意识到这些费用的存在。（2）集成多家提供商的应用程序的费用。云计算在集成方面存在着隐性成本，如果没有考虑到这些成本，那么对云计算的成本计量就可能是不全面的。（3）测试软件的费用。在将软件迁移到云端之前要测试软件，这也会带来不可预见的成本。（4）租金和水电设施的费用。只要使用云服务，租金和水电设施等基础设施费用就应计入成本。（5）准备成本。以上云计算的成本，有的发生在基础设施建设时期，有的发生在云计算服务提供期间，还有的则发生在未来，这就给成本的确认与计量造成了困难，也给成本与收入的配比带来了严峻的挑战。

（四）云计算对会计凭证合法有效性的挑战

云计算模式以在线服务为核心，依靠增值服务、功能应用或广告获利。在比较典型的云计算模式中，软件或初始服务均以低价甚至免费的方式向用户提供，真正的盈利点在于增值服务和广告。但是，网络环境的开放性、虚拟性、交互性、匿名性，使传统会计业务需要提供合法、有效的会计凭证的要求难以满足。

在云计算模式下，终端用户的大量数据资源存储在"云"上，不仅取得合法、有效的会计凭证的可能性很小，而且在取得会计凭证的过程中可能发生各种各样的问题，表现最为突出的是会计凭证的取证和管辖权问题。电子证据本身就非常复杂，这就使得会计凭证的取证更加困难。此外，数据通过互联网存储和交付并且在全球范围内流动，数据的拥有者既不能控制数据的流动也无法掌握数据的存储位置，而每个国家又拥有自己的法律及管理要求。因此，必须取得会计凭证来确认、计量会计业务的要求在云计算模式下受到了严峻的挑战，会计凭证的取证及管辖权问题不仅涉及判断数据存储位置，而且涉及国际交流与合作。

（五）云计算的安全问题

目前，我国自主研发的财务会计信息化云计算平台尚处于起步阶段。因此，云计算在会计领域广泛应用的最大挑战是安全问题。考虑到会计和经济数据的安全性，大部分公司不愿意将公司内的会计和经济数据放在公共云上。虽然从技术角度来看，云计算服务提供商通常能提供较高的数据安全机制，但这并不能保证公司的会计与经济数据绝对安全。公司的会计和经济数据的泄露，对公司的生存和发展来说是致命打击。因此，如何进一步加强云计算的安全性，消除公司对云计算隐患的担忧，有待于云计算系统的不断完善。此外，云平台建设的技术与资金起点较高，研发风险较大，开发周期较长，这也是制约云计算在会计领域广泛应用的因素所在。

五、区块链技术对会计的影响

区块链为各行各业带来了机遇和挑战。目前，虽然会计不是区块链技术应用的核心领域，但由于会计记录反映企业生产经营的数据，而通过区块链技术的应用可以解决信息不透明、易篡改和不信任等问题，节省高额成本，因此应用前景广阔。区块链技术可以被成功应用在会计的方面有：可追溯的自主审核；会计流程自动化；交易审核和认证；追踪资产所有权；实施"智能合约"；资产的注册和库存管理系统。

区块链在数据记录开放方面的重大变革将从根本上改变现行的封闭式会计账表体系。在区块链系统中，通过智能合约，会计人员可以事前设计格式规范的账表体系，以便向使用者提供决策有用信息。相关账表会随着交易的发生而同时形成，并向所有使用者及时公开，形成开放式的账表体系。区块链技术能够向区块链系统里的所有使用者提供一份自动更新的账本（链），包含系统中发生的每笔交易（区块）。区块链系统的重要组成部分是系统预先选定的多个验证节点，由它们来对交易达成"共识"。一旦共识达成，交易就会自动被信任。区块链系统会将每笔交易的副本传递给与交易相关的所有用户，而不是传递企业能自由控制的账表体系。除了输入错误外，在其他环节中是不可能发生欺诈或者错误的。如果企业对交易存在输入错误，也会被其他用户发现并纠正。在互联网和大数据时代，区块链技术可以为数据录入、提取、编辑提供便捷的渠道和安全保障，犹如一个巨大的数据账本，这有利于需要大量数据储备的会计行业的发展。区块链技术是使用全新的加密认证技术和去中心化的机制。维护完整的分布式的不可篡改的连续账本数据库，能够让区块链中的参与者在无须相互认识和建立信任关系的前提下，通过统一的账本系统确保资金和信息安全。

区块链的这些特性将对会计业务产生极其重大的影响，主要体现在以下几个方面：区块链能够降低公司之间的信任风险；区块链技术可以被应用于股权、债权、供应链、利润分配等领域；区块链能够驱动公司形成新的商业模式；公司可以应用区块链防控财务风险，促进财务创新和协作。

在现行的公司资产管理中，公开透明地管理资产有助于解决公司资源流失等问题。将区块链技术应用于资产管理领域，公司可以有效地实现资产公开化、透明化，将每一笔交易记录于区块链上，成为一组真实可靠、不可篡改的信息。同时，该资产涉及的每一笔交易也将被写入区块链中，公司的投资者可以通过这个分布式的数据网络查看公司资产的具体明细，评估公司资产的实际价值，审查每一笔与其相关的交易，了解该资产的具体去向，从而实现对公司资产的监管。在这样一个高度公开透明的账表体系中，一切交易行为都将暴露在光天化日之下，侵吞公司资产的行为将无处藏身。

第二节　会计软件

会计职能的实现，组织价值的创造，依赖于会计信息系统。作为企业管理信息系统的重要组成部分，会计信息系统从会计信息处理的角度出发，在计算机环境中分析、设计、评价和研究会计数据的收集、加工、存储以及会计信息输出等，它使会计数据处理技术发生质的飞跃。作为一个系统，会计信息系统是一个人机结合的系统，其基本构成包括硬件、软件、人员、规章制度等方面。其中，核心的部分是会计软件，规章制度又是确保数据安全、软件运行稳定可靠的保障。

1946年第一台电子计算机在美国诞生，1954年10月美国通用电气公司第一次采用电子计算机计算职工工资，标志着电子计算机被真正应用到了会计领域，引起了会计处理技术的重大变革，这也是第一个真正意义上的会计软件。尽管会计软件最初的处理内容仅限于工资计算、库存材料的收发核算等一些数据处理量大、计算简单而重复次数多的经济业务，但它充分利用了计算机的优势，以模拟手工会计核算形式代替了部分手工劳动，大大提高了这些劳动强度较高的工作效率，为信息技术在会计领域的广泛应用打下了坚实的基础，起到了良好的示范作用。

　　在我国，计算机在会计中的应用最早开始于 1979 年，即财政部在长春第一汽车制造厂的试点。"会计电算化"一词是在 1981 年 8 月财政部和中国会计学会于长春市召开的"财务、会计、成本应用电子计算机专题讨论会"上被正式提出来的，在当时是电子计算机信息技术在会计工作中应用的简称。随着我国会计电算化事业的发展，会计电算化的概念也在发展，有狭义和广义之分。狭义的会计电算化是指以电子计算机为主体的当代电子信息技术在会计工作中的应用；广义的会计电算化是指与实现会计工作电算化有关的所有工作，包括会计电算化软件的开发和应用、会计电算化人才的培训、会计电算化的宏观规划、会计电算化的制度建设、会计电算化软件市场的培育与发展等。1999 年 4 月，在深圳市财政局与深圳金蝶软件科技有限公司举办的"新形势下会计软件市场管理研讨会暨会计信息化理论专家座谈会"上提出了"会计信息化"的概念，这个概念的内涵和外延基本上与广义的会计电算化一致。

　　为进一步推动企业会计信息化，节约社会资源，提高会计软件和相关服务质量，规范信息化环境下的会计工作，2013 年 12 月，财政部发布了《企业会计信息化工作规范》。在该规范中，会计信息化是指企业利用计算机、网络通信等现代信息技术手段开展会计核算，以及利用上述技术手段将会计核算与其他经营管理活动有机结合的过程。显然，要开展企业会计信息化工作，会计信息系统的构建是必不可少的，会计信息系统是指由会计软件及其运行所依赖的软硬件环境组成的集合体，其组成要素包括人员、计算机软硬件、数据、规章制度。会计信息系统核心部分是适应信息社会数据处理需求的会计软件，而完备的规章制度是确保数据安全、软件运行稳定可靠的重要保障。

一、会计软件概述

　　会计软件是指企业或其他组织使用的，专门用于业务处理、会计核算的计算机软件、软件系统或者其功能模块。它包括采用各种计算机语言编制的用于会计工作的计算机程序，是由一系列指挥计算机执行会计工作的程序代码和有关文档技术资料组成的。凡是具备相对独立完成会计数据录入、处理和输出功能模块的软件，如账务处理、固定资产核算、工资核算等功能的软件均可视为会计软件。

　　会计软件具有以下功能：为业务处理、会计核算直接采集数据；生成会计凭证、账簿、报表等会计资料；对会计资料进行转换、输出。

　　会计软件按不同的适用范围可分为专用会计软件和通用会计软件。

　　专用会计软件是指由使用单位根据会计工作的需要自行开发或者委托其他单位开发供本单位使用的会计软件。专用会计软件也被称为定点开发会计软件，其特点是把使用单位的会计规则，如会计科目、报表格式、工资项目、固定资产项目等固化到会计软件，定点开发的专用会计软件适合本单位的特点，使用起来更加方便。但因受到使用范围的限制，仅适用于个别单位。

　　通用会计软件是指由专业软件公司研制，公开在市场销售，能适应不同行业、不同单位业务处理与会计工作需要的会计软件。通用会计软件的特点是一般设计有一个初始化模块，对本单位的所有会计规则进行设置，从而把一个通用会计软件转化为一个适合本单位情况的专用会计软件。通用会计软件虽然存在许多不足，例如，系统初始化的工作量大，计算机系统的资源占用和浪费严重，难以满足用户单位的某些特殊要求，但是与专用会计软件相比，通用会计软件具有软件质量高、成效快、成本相对较低、系统维护量小并且维护有保障等优点。所以，中小企业甚至大型企业大都选择通用会计软件以迅速实现会计信息化。

　　作为一名会计人员，为了能够迅速适应信息化的会计工作环境，应该掌握市场占有率较高的通用会计软件的实现原理及基本操作方法。市场占有率较高的国产通用会计软件有用友、金蝶、浪潮、新中大、速达、金算盘等，国外软件有 SAP、Oracle 等。尽管会计软件的取得方式各不相同，品牌很多，但由于会计工作内在的规范性要求，在功能方面，各种会计软件需要遵循相同的规章制度。

二、会计软件的功能组成及联系

　　会计软件需要处理的数据多、流程复杂，而且各种业务在数据处理上各有其特点，因此会计软件内部还需要划分若干个相对独立的功能模块，分别完成不同的核算内容，一般划分为财务会计部分的总账、报表、薪资管理、固定资产管理、应收款/应付款管理等模块，管理会计部分的成本管理、预算管理、资金管理、绩效管理等模块，供应链业务部分的采购管理、销售管理、库存管理、存货核算模块等。财务会计和供应链业务部分模块功能如下：

　　1. 总账模块，是整个会计软件的核心，以会计凭证为原始数据，通过凭证的输入和处理，完成记账、算账、对账、转账、账簿查询等功能。

　　2. 报表模块，根据事先定义好的格式和数据生成公式，由计算机自动从账务处理系统的账簿数据库中获取核算数据，完成各种报表的编制与汇总工作。企业会计报表发生变动时，只需要修改或重新定义报表格式和取数公式。

　　3. 薪资管理模块，主要用来计算企业职工应发和实发工资，并根据部门对工资进行分配。

　　4. 固定资产管理模块，主要用来反映企业固定资产增减变动及折旧计提情况。

　　5. 应收款/应付款模块，主要用来处理企业生产经营过程中发生的单位与单位、单位与个人业务往来所形成的债权、债务。

　　6. 成本核算模块，主要用来归集和分配各种成本费用，及时计算产品总成本和单位成本，计算和结转成本差异，输出成本核算的有关信息。

　　7. 供应链管理模块，主要用来完成采购管理、销售管理、库存管理、存货核算等方面的业务处理以及相应的财务处理工作，实现业务与财务的一体化管理。

　　一套完整的会计软件是一个大系统，它可分解为若干个子系统，各子系统之间相互作用，共同完成会计软件的总体工作目标。了解各子系统间的数据联系是非常重要的，例如用友软件中常用的子系统之间的数据联系如图 1-1 所示。

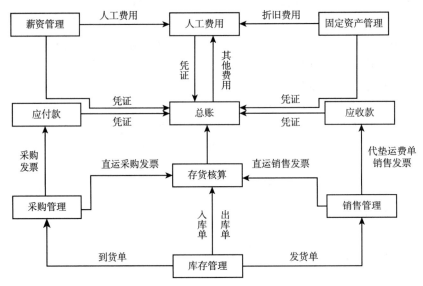

图 1 - 1　子系统之间的数据联系

三、会计软件的基本要求

由于会计工作的规范性和特殊性，所以在《企业会计信息化工作规范》中对会计软件提出了如下基本要求，符合要求的软件才能在实务中应用。

1. 会计软件应当保障企业按照国家统一会计准则制度开展会计核算，不得有违背国家统一会计准则制度的功能设计。

2. 会计软件的界面应当使用中文并且提供对中文处理的支持，可以同时提供外国或者少数民族文字界面对照和处理支持。

3. 会计软件应当提供符合国家统一会计准则制度的会计科目分类和编码功能。

4. 会计软件应当提供符合国家统一会计准则制度的会计凭证、账簿和报表的显示和打印功能。

5. 会计软件应当提供不可逆的记账功能，确保对同类已记账凭证的连续编号，不得提供对已记账凭证的删除和插入功能，不得提供对已记账凭证日期、金额、科目和操作人的修改功能。

6. 鼓励软件供应商在会计软件中集成可扩展商业报告语言（XBRL）功能，便于企业生成符合国家统一标准的 XBRL 财务报告。

7. 会计软件应当具有符合国家统一标准的数据接口，满足外部会计监督需要。

8. 会计软件应当具有会计资料归档功能，提供导出会计档案的接口，在会计档案存储格式、元数据采集、真实性与完整性保障方面，符合国家有关电子文件归档与电子档案管理的要求。

9. 会计软件应当记录生成用户操作日志，确保日志的安全、完整，提供按操作人员、操作时间和操作内容查询日志的功能，并能以简单易懂的形式输出。

10. 以远程访问、云计算等方式提供会计软件的供应商，应当在技术上保证客户会计资料的安全、完整。对于因供应商原因造成客户会计资料泄露、毁损的，客户可以要求供应商承担赔偿责任。

11. 客户以远程访问、云计算等方式使用会计软件生成的电子会计资料归客户所有。软件供应商应当提供符合国家统一标准的数据接口供客户导出电子会计资料，不得以任何理由拒绝客户导出电子会计资料的请求。

12. 以远程访问、云计算等方式提供会计软件的供应商，应当做好本厂商不能维持服务情况下，保障企业电子会计资料安全以及企业会计工作持续进行的预案，并在相关服务合同中与客户就该预案作出约定。

13. 软件供应商应当努力提高会计软件相关服务质量，按照合同约定及时解决用户使用中的故障问题。会计软件存在影响客户按照国家统一会计准则制度进行会计核算问题的，软件供应商应当为用户免费提供更正程序。

14. 鼓励软件供应商采用呼叫中心、在线客服等方式为用户提供实时技术支持。

15. 软件供应商应当就如何通过会计软件开展会计监督工作，提供专门教程和相关资料。

第三节　会计信息系统规章制度

会计信息化的推进过程不是简单地将会计软件应用于会计业务，而是有领导、有目标、有计划、有组织推进的技术革命。在此过程中，会计信息系统规章制度的制定和执行是这场技术革命能否成功的重要方面。

美国注册会计师协会（AICPA）于1976年发布了《管理咨询服务公告第4号——计算机应用系统开发和实施指南》。国际会计师联合会（IFAC）分别于1984年2月、1984年10月、1985年6月公布了3个有关会计电算化的国际审计准则。

《中华人民共和国会计法》（以下简称《会计法》）规定"用电子计算机进行会计核算的，其软件及其生成的会计凭证、会计账财务会计报告和其他会计资料，也必须符合国家统一的会计制度的规定"，"用电子计算机进行会计核算的，其会计账簿的登记、更正，应当符合国家统一的会计制度的规定"。按照《会计法》的规定，财政部先后制定并发布了《会计电算化管理办法》（1994，已废止）、《商品化会计核算软件评审规则》（1994，已废止）《会计核算软件基本功能规范》（1994，已不适用于企业及其会计软件）、《会计电算化工作规范》（1996，已不适用于企业及其会计软件）、《关于全面推进我国会计信息化工作的指导意见》（2009）、《企业会计信息化工作规范》（2013）、《会计档案管理办法》（2015）等一系列相关的规章制度，这些制度对单位使用会计软件、软件生成的会计资料、采用电子计算机替代手工记账、电子会计档案保管等工作作出了具体规范。

一、会计信息化管理

财政部主管全国企业会计信息化工作，主要职责包括：拟订企业会计信息化发展政策；起草、制定企业会计信息化技术标准；指导和监督企业开展会计信息化工作；规范会计软件功能。

县级以上地方人民政府财政部门管理本地区企业会计信息化工作，指导和监督本地区企业开展会计信息化工作。

企业应当充分重视会计信息化工作，加强组织领导和人才培养，不断推进会计信息化在本企业的应用。企业应当指定专门机构或者岗位负责会计信息化工作。未设置会计机构和配备会计人员的企业，由其委托的代理记账机构开展会计信息化工作。

二、会计信息化工作规范

会计信息化工作规范具体包括如下内容。

1. 企业开展会计信息化工作，应当根据发展目标和实际需要，合理确定建设内容，避免投资浪费，应当注重信息系统与经营环境的契合，通过信息化推动管理模式、组织架构、业务流程的优化与革新，建立健全适应信息化工作环境的制度体系。

2. 大型企业、企业集团开展会计信息化工作，应当注重整体规划，统一技术标准、编码规则和系统参数，实现各系统的有机整合，消除信息孤岛。

3. 企业配备会计软件，应当根据自身技术力量以及业务需求，考虑软件功能、安全性、稳定性、响应速度、可扩展性等要求，合理选择购买、定制开发、购买与定制开发相结合等方式。定制开发包括企业自行开发、委托外部单位开发、企业与外部单位联合开发。企业通过委托外部单位开发、购买等方式配备会计软件，应当在有关合同中约定操作培训、软件升级、故障解决等服务事项，以及软件供应商对企业信息安全的责任。

4. 企业应当促进会计信息系统与业务信息系统的一体化，通过业务的处理直接驱动会计记账，减少人工操作，提高业务数据与会计数据的一致性，实现企业内部信息资源共享。企业应当根据实际情况，开展本企业信息系统与银行、供应商、客户等外部单位信息系统的互联，实现外部交易信息的集中自动处理。

5. 企业进行会计信息系统前端系统的建设和改造，应当安排负责会计信息化工作的专门机构或者岗位参与，充分考虑会计信息系统的数据需求。

6. 企业应当遵循企业内部控制规范体系要求，加强对会计信息系统规划、设计、开发、运行、维护全过程的控制，将控制过程和控制规则融入会计信息系统，实现对违反控制规则情况的自动防范和监控，提高内部控制水平。对于信息系统自动生成且具有明晰审核规则的会计凭证，可以将审核规则嵌入会计软件，由计算机自动审核。未经自动审核的会计凭证，应当先经人工审核再进行后续处理。

7. 处于会计核算信息化阶段的企业，应当结合自身情况，逐步实现资金管理、资产管理、预算控制、成本管理等财务管理信息化。处于财务管理信息化阶段的企业，应当结合自身情况，逐步实现财务分析、全面预算管理、风险控制、绩效考核等决策支持信息化。

8. 分公司、子公司数量多、分布广的大型企业、企业集团应当探索利用信息技术促进会计工作的集中，逐步建立财务共享服务中心。实行会计工作集中的企业以及企业分支机构，应当为外部会计监督机构及时查询和调阅异地储存的会计资料提供必要条件。

9. 外商投资企业使用的境外投资者指定的会计软件或者跨国企业集团统一部署的会计软件，应当符合要求。

10. 企业会计信息系统数据库服务器的部署应当符合国家有关规定。数据库服务器部署在境外的，应当在境内保存会计资料备份，备份频率不得低于每月一次。境内备份的会计资料应当能够在境外服务器不能正常工作时，独立满足企业开展会计工作的需要以及外部会计监督的需要。

11. 企业会计资料中对经济业务事项的表述应当使用中文，可以同时使用外国或者少数民族文字对照。

12. 企业应当建立电子会计资料备份管理制度，确保会计资料的安全、完整和会计信息系统的持续、稳定运行。

13. 企业不得在非涉密信息系统中存储、处理和传输涉及国家秘密、关系国家经济信息安全的电子会计资料；未经有关主管部门批准，不得将其携带、寄运或者传输至境外。

14. 企业内部生成的会计凭证、账簿和辅助性会计资料，同时满足下列条件的，可以不输出纸面资料：（1）所记载的事项属于本企业重复发生的日常业务；（2）由企业信息系统自动生成；（3）可及时在企业信息系统中以人类可读形式查询和输出；（4）企业信息系统具有防止相关数据被篡改的有效机制；（5）企业对相关数据建立了电子备份制度，能有效防范自然灾害、意外事故和人为破坏的影响；（6）企业对电子和纸面会计资料建立了完善的索引体系。

15. 企业获得的需要外部单位或者个人证明的原始凭证和其他会计资料，同时满足下列条件的，可以不输出纸面资料：（1）会计资料附有外部单位或者个人的、符合《中华人民共和国电子签名法》的可靠电子签名；（2）电子签名符合《中华人民共和国电子签名法》的第三方认证；（3）满足第 14 条第（1）项、第（3）项、第（5）项和第（6）项规定的条件。

16. 实施企业会计准则通用分类标准的企业，应当按照有关要求向财政部报送 XBRL 财务报告。

17. 建立会计信息化岗位责任制，要明确各个工作岗位的职责范围，切实做到事事有人管、人人有专责、办事有要求、工作有检查。工作岗位可分为基本会计岗位和会计信息化岗位。基本会计岗位包括会计主管、出纳、会计核算、稽核、会计档案管理等工作岗位。会计信息化岗位包括直接管理、操作、维护计算机及会计软件系统的工作岗位。会计信息化岗位和工作职责一般可划分如下：（1）会计信息化主管，负责协调计算机及会计软件系统的运行工作，要求具备会计和计算机知识，以及相关的会计信息化组织管理的经验。（2）软件操作，负责输入记账凭证和原始凭证等会计数据，输出记账凭证、会计账簿、报表和进行部分会计数据处理工作，要求具备会计软件操作知识，达到会计信息化初级知识培训的水平。（3）审核记账，负责对输入计算机的会计数据（记账凭证和原始凭证等）进行审核，操作会计软件登记机内账簿，对打印输出的账簿、报表进行确认。要求具备会计和计算机知识，达到会计电算化初级知识培训的水平，可由主管会计兼任。（4）会计信息化维护，负责保证计算机硬件、软件的正常运行，管理机内会计数据。要求具备计算机和会计知识，经过会计信息化中级知识培训。（5）会计信息化审查，负责监督计算机及会计软件系统的运行，防止利用计算机进行舞弊。要求具备会计和计算机知识，达到会计电算化中级知识培训的水平。（6）数据分析，负责对计算机内的会计数据进行分析，要求具备计算机和会计知识，达到会计电算化中级知识培训的水平。

实施会计信息化过程中，各单位可根据内部牵制制度的要求和本单位的工作需要，对会计信息化岗位的划分进行调整，设立必要的工作岗位。基本会计岗位和会计信息化岗位可在保证会计数据安全的前提下交叉设置，各岗位人员要保持相对稳定。由本单位人员进行会计软件开发的，还可设立软件开发岗位。

三、会计档案管理办法

会计档案是指单位在进行会计核算等过程中接收或形成的，记录和反映单位经济业务事项的，具有保存价值的文字、图表等各种形式的会计资料，包括通过计算机等电子设备形成、传输和存储的电子会计档案。

1. 会计档案范围。

（1）会计资料应纳入归档范围。

①会计凭证：原始凭证、记账凭证。

②会计账簿：总账、明细账、日记账、固定资产卡片及其他辅助性账簿。

③财务会计报告：月度、季度、半年度、年度财务会计报告。

④其他会计资料：银行存款余额调节表、银行对账单、纳税申报表、会计档案移交清册、会计档案保管清册、会计档案销毁清册、会计档案鉴定意见书及其他具有保存价值的会计资料。

（2）单位可以利用计算机、网络通信等现代信息技术手段管理会计档案。

（3）同时满足下列条件的，单位内部形成的属于归档范围的电子会计资料可仅以电子形式保存，形成电子会计档案：

①形成的电子会计资料来源真实有效，由计算机等电子设备形成和传输。

②使用的会计核算系统能够准确、完整、有效接收和读取电子会计资料，能够输出符合国家标准归档格式的会计凭证、会计账簿、财务会计报表等会计资料，设定了经办、审核、审批等必要的审签程序。

③使用的电子档案管理系统能够有效接收、管理、利用电子会计档案，符合电子档案的长期保管要求，并建立了电子会计档案与相关联的其他纸质会计档案的检索关系。

④采取有效措施，防止电子会计档案被篡改。

⑤建立电子会计档案备份制度，能够有效防范自然灾害、意外事故和人为破坏的影响。

⑥形成的电子会计资料不属于具有永久保存价值或者其他重要保存价值的会计档案。

（4）满足（3）规定条件，单位从外部接收的电子会计资料附有符合《中华人民共和国电子签名法》规定的电子签名的，可仅以电子形式归档保存，形成电子会计档案。

2. 会计档案归档。单位的会计机构或会计人员所属机构（以下统称单位会计管理机构）按照归档范围和归档要求，负责定期将应当归档的会计资料整理立卷，编制会计档案保管清册。

当年形成的会计档案，在会计年度终了后，可由单位会计管理机构临时保管一年，再移交单位档案管理机构保管。因工作需要确需推迟移交的，应当经单位档案管理机构认同。单位会计管理机构临时保管会计档案最长不超过三年。临时保管期间，会计档案的保管应当符合国家档案管理的有关规定，且出纳人员不得兼管会计档案。

单位会计管理机构在办理会计档案移交时，应当编制会计档案移交清册，并按照国家档案管理的有关规定办理移交手续。纸质会计档案移交时应当保持原卷的封装。电子会计档案移交时应当将电子会计档案及其元数据一并移交，且文件格式应当符合国家档案管理的有关规定。特殊格式的电子会计档案应当与其读取平台一并移交。单位档案管理机构接收电子会计档案时，应当对电子会计档案的准确性、完整性、可用性、安全性进行检测，符合要求的才能接收。

3. 会计档案利用。单位应当严格按照相关制度利用会计档案，在进行会计档案查阅、复制、借出时履行登记手续，严禁篡改和损坏。单位保存的会计档案一般不得对外借出。确因工作需要且根据国家有关规定必须借出的，应当严格按照规定办理相关手续。会计档案借用单位应当妥善保管和利用借入的会计档案，确保借入会计档案的安全完整，并在规定时间内归还。

4. 会计档案保管。会计档案的保管期限分为永久、定期两类。定期保管期限一般分为 10 年和 30 年。会计档案的保管期限，从会计年度终了后的第一天算起。

5. 会计档案销毁。会计档案鉴定工作应当由单位档案管理机构牵头，组织单位会计、审计、纪检监察等机构或人员共同进行。单位应当定期对已到保管期限的会计档案进行鉴定，并形成会计档案鉴定意见书。经鉴定，仍需继续保存的会计档案，应当重新划定保管期限；对保管期满，确无保存价值的会计档案，可以销毁。经鉴定可以销毁的会计档案，应当按照以下程序销毁；

（1）单位档案管理机构编制会计档案销毁清册，列明拟销毁会计档案的名称、卷号、册数、起止年度、档案编号、应保管期限、已保管期限和销毁时间等内容。

（2）单位负责人、档案管理机构负责人、会计管理机构负责人、档案管理机构经办人、会计管理机构经办人在会计档案销毁清册上签署意见。

（3）单位档案管理机构负责组织会计档案销毁工作，并与会计管理机构共同派员监销。监销人在会计档案销毁前，应当按照会计档案销毁清册所列内容进行清点核对；在会计档案销毁后，应当在会计档案销毁清册上签名或盖章。

电子会计档案的销毁还应当符合国家有关电子档案的规定，并由单位档案管理机构、会计管理机构和信息系统管理机构共同派员监销。电子会计档案的鉴定销毁应当符合国家有关规定。

保管期满但未结清的债权债务会计凭证和涉及其他未了事项的会计凭证不得销毁，纸质会计档案应当单独抽出立卷，电子会计档案单独转存，保管到未了事项完结时为止。单独抽出立卷或转存的会计档案，应当在会计档案鉴定意见书、会计档案销毁清册和会计档案保管清册中列明。

6. 终止经营的会计档案管理。单位因撤销、解散、破产或其他原因而终止的，在终止或办理注销登记手续之前形成的会计档案，按照国家档案管理的有关规定处置。

7. 分立后的会计档案管理。单位分立后原单位存续的，其会计档案应当由分立后的存续方统一保管，其他方可以查阅、复制与其业务相关的会计档案。单位分立后原单位解散的，其会计档案应当经各方协商后由其中一方代管或按照国家档案管理的有关规定处置，各方可以查阅、复制与其业务相关的会计档案。单位分立中未结清的会计事项所涉及的会计凭证，应当单独抽出由业务相关方保存，并按照规定办理交接手续。单位因业务移交其他单位办理所涉及的会计档案，应当由原单位保管，承接业务单位可以查阅、复制与其业务相关的会计档案。对其中未结清的会计事项所涉及的会计凭证，应当单独抽出由承接业务单位保存，并按照规定办理交接手续。

8. 合并后的会计档案管理。单位合并后原各单位解散或者一方存续其他方解散的，原各单位的会计档案应当由合并后的单位统一保管。单位合并后原各单位仍存续的，其会计档案仍应当由原各单位保管。

9. 建设期的档案管理。建设单位在项目建设期间形成的会计档案，需要移交给建设项目接收单位的，应当在办理竣工财务决算后及时移交，并按照规定办理交接手续。

10. 会计档案交接。单位之间交接会计档案时，交接双方应当办理会计档案交接手续。移交会计档案的单位，应当编制会计档案移交清册，列明应当移交的会计档案名称、卷号、册数、起止年度、档案编号、应保管期限和已保管期限等内容。交接会计档案时，交接双方应当按照会计档案移交清册所列内容逐项交接，并由交接双方的单位有关负责人负责监督。交接完毕后，交接双方经办人和监督人应当在会计档案移交清册上签名或盖章。电子会计档案应当与其元数据一并移交，特殊格式的电子会计档案应当与其读取平台一并移交。档案接收单位应当对保存电子会计档案的载体及其技术环境进行检验，确保所接收电子会计档案的准确、完整、可用和安全。

11. 境外机构会计档案管理。单位的会计档案及其复制件需要携带、寄运或者传输至境外的，应当按照国家有关规定执行。关系国家安全的会计档案，未经有关业务主管部门及国家保密主管部门批准，不得以任何形式将其携带、寄运或传输至境外。

12. 代理记账会计档案管理。单位委托中介机构代理记账的，应当在签订的书面委托合同中，明确会计档案的管理要求及相应责任。

13. 会计信息化档案管理制度。

（1）会计信息化档案，包括存储在计算机硬盘中的会计数据以及其他磁性介质或光盘存储的会计数据和计算机打印出来的书面等形式的会计数据。会计数据是指记账凭证、会计账簿、会计报表（包括报表格式和计算公式）等数据。

（2）会计信息化档案管理是重要的会计基础工作，要严格按照财政部有关规定的要求对会计档案进行管理，由专人负责。

（3）对会计信息化档案的管理要做好防磁、防火、防潮和防尘工作，重要会计档案应备双份，存放在两个不同的地点。采用磁性介质保存会计档案，要定期进行检查，定期进行复制，防止由于磁性介质损坏而使会计档案丢失。

（4）通用会计软件、定点开发会计软件、通用与定点开发相结合会计软件的全套文档资料以及会计软件程序，视同会计档案保管，保管期截止到该软件停止使用或有重大更改之后的5年。

14.《关于规范电子会计凭证报销入账归档的通知》（以下简称本通知）。为适应电子商务、电子政务发展，规范各类电子会计凭证的报销入账归档，根据国家有关法律、行政法规，现就有关事项通知如下：

（1）本通知所称电子会计凭证，是指单位从外部接收的电子形式的各类会计凭证，包括电子发票、财政电子票据、电子客票、电子行程单、电子海关专用缴款书、银行电子回单等电子会计凭证。

（2）来源合法、真实的电子会计凭证与纸质会计凭证具有同等法律效力。

（3）除法律和行政法规另有规定外，同时满足下列条件的，单位可以仅使用电子会计凭证进行报销入账归档：①接收的电子会计凭证经查验合法、真实；②电子会计凭证的传输、存储安全、可靠，对电子会计凭证的任何篡改能够及时被发现；③使用的会计核算系统能够准确、完整、有效接收和读取电子会计凭证及其元数据，能够按照国家统一的会计制度完成会计核算业务，能够按照国家档案行政管理部门规定格式输出电子会计凭证及其元数据，设定了经办、审核、审批等必要的审签程序，且能有效防止电子会计凭证重复入账；④电子会计凭证的归档及管理符合《会计档案管理办法》等要求。

（4）单位以电子会计凭证的纸质打印件作为报销入账归档依据的，必须同时保存打印该纸质件的电子会计凭证。

（5）符合档案管理要求的电子会计档案与纸质档案具有同等法律效力。除法律、行政法规另有规定外，电子会计档案可不再另以纸质形式保存。

（6）单位和个人在电子会计凭证报销入账归档中存在违反本通知规定行为的，县级以上人民政府财政部门、档案行政管理部门应当依据《会计法》《中华人民共和国档案法》等有关法律、行政法规处理处罚。

思 政 小 结

1. 通过学习会计发展史以及会计信息系统的发展历程，让学生了解会计发展与会计文化自信。

2. 通过查询资料，了解国内有哪些知名财务软件，通过这些软件的发展历程，增强民族自信与民族自豪感。

3. 学习《企业会计信息化工作规范》。

第二章　系统管理

【学习目标】

1. 认知系统主管岗位工作范畴及应具备的相关知识；
2. 分析系统管理的不同使用者及各自操作权限的异同点；
3. 学会系统管理的功能结构并熟练操作流程；
4. 掌握账套备份及账套引入的操作方法。

第一节　系统管理认知

一、系统管理的主要功能

系统管理是会计信息系统运行的基础，它为各个子系统提供了一个统一的操作平台（公共账套），各子系统的操作员需要在系统管理中统一设置并分配功能权限，从而实现对各个子系统的统一管理。系统管理的主要功能包括账套管理、账套库管理、系统操作员及操作权限的集中管理等。

（一）账套管理

账套是一组相互关联的数据，是在会计软件系统中为每一个独立核算的企业所建立的一套完整的账务体系。账套管理是对账套的统一管理，包括账套的建立、修改、引入和输出（恢复备份和备份）等功能。

（二）权限管理

为了保证会计信息系统及数据安全与保密，系统提供了操作员及操作权限的集中管理功能，以便在会计信息系统上进行操作分工及权限控制。通过对系统操作的分工和权限的管理，一方面可以避免与业务无关的人员进入系统，另一方面可以对会计信息系统所含的各个子系统的操作进行协调，以保证系统的安全与保密。操作权限的集中管理包括设定系统用户、定义用户的角色以及设置用户的权限等功能。

（三）账套库管理

一个账套对应一个独立核算的经济实体，一个账套库包含了这个经济实体的一个或多个年度账套数据。在系统管理中，用户不仅可以建立多个账套，而且每一个账套中可以由一个或若干个账套库组成。账套库管理包括账套库建立、账套库初始化、清空账套库数据、引入和输出账套库等功能。对账套库的管理只能由账套主管进行。

（四）系统安全维护

为了使会计信息系统在一个安全、稳定的环境下运行，系统管理提供了各项安全保护功能，以确保系统运行安全、数据存储安全。系统安全维护包括系统运行监控、设置数据自动备份计划、清除系统运行异常任务、记录上机日志和刷新等功能。

二、系统管理的使用者

系统管理的使用者有系统管理员和账套主管。

（一）系统管理员

系统管理员负责整个应用系统的总体控制和维护工作，可以管理该系统中所有的账套。以系统管理员身份注册进入，可以进行账套的建立、引入和输出，设置操作员和权限，监控系统运行过程，清除异常任务等。

系统管理员是系统中权限最高的操作员，可以管理该系统中所有的账套。负责系统的数据安全和运行安全。通用会计信息系统中一般预置默认的系统管理员及口令，企业在正确安装应用系统后，应该及时更改系统管理员的密码，以保障系统的安全性。

（二）账套主管

账套主管负责所选账套的维护工作，主要包括对所管理的账套进行修改、对账套库进行管理（建立账套、账套初始化、清空账套库数据、引入及输出账套库数据），以及设置该账套操作员权限。对所管辖的账套来说，账套主管级别最高，拥有所有子系统的操作权限。由于账套主管是由系统管理员指定的，因此第一次必须以系统管理员的身份登录系统管理，建立账套指定相应的账套主管之后，才能以账套主管的身份登录系统管理。

第二节　系统管理实训操作

一、课程案例背景

（一）企业基本信息

企业名称：江西南新电器销售有限公司
企业负责人：欧阳

企业注册地址：江西省南昌市安义县前进东路 15 号

企业经营范围：电气、加湿器、风扇、空调、空气净化器、冰柜、冰箱、工业制冷设备及其售后服务等

企业注册登记日期：2020 年 1 月

注册登记地点：江西省南昌市安义县前进东路 15 号

办公地址：江西省南昌市安义县前进东路 15 号

邮政编码：300500

电话：0791 – 81001655

基本户开户银行：中国银行安义支行

基本户开户银行账号：1100228896666999988

国税缴纳：国家税务总局南昌市税务局

税号：91110000600001760T

（二）企业组织结构

江西南新电器销售有限公司的组织机构设置如图 2 – 1 所示。

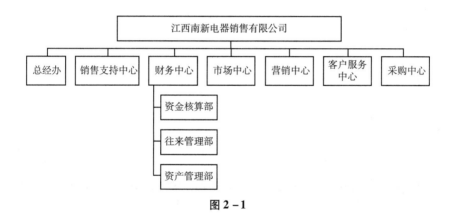

图 2 – 1

（三）主要商品种类

本案例中公司主要销售商品为电暖气、加湿器、风扇、空调、空气净化器、冰柜、冰箱、工业制冷设备。

（四）企业会计政策

1. 会计制度。该公司执行《企业会计准则》和《企业会计制度》及其补充规定。

2. 会计年度。该公司会计年度采用公历年度，即每年自 1 月 1 日起至 12 月 31 日止。

3. 营业周期。该公司以 12 个月作为一个营业周期，并以其作为资产和负债的流动性划分标准。

4. 记账本位币。该公司记账本位币为人民币。

5. 记账基础和计价原则。该公司采用借贷记账法，以权责发生制为记账基础，以历史成本为计价原则。

6. 收入确认原则。对于商品销售，该公司在履行了合同中的履约义务，即在客户取得相关商品或服务的控制权时，按照分摊至该项履约义务的交易价格确认收入。

7. 税项。该公司主要适用的税种和税率如下。

增值税：按应税收入的13%计算销项税，并按扣除当期允许抵扣的进项税后的差额缴纳增值税。

所得税：按应纳税的所得额的25%计算缴纳。

附加税：城建税税率7%、教育费附加3%、地方教育附加2%。

（五）ERP设置

该公司在2023年1月1日启用业财一体信息化平台对公司的资金流、信息流、物流进行信息化建设，集成业务数据、财务数据、税务数据，实现业财税一体化管理。

启用的模块：总账、销售管理、采购管理、存货管理、库存管理、应收管理、应付管理、固定资产、薪资管理、合同管理、售后服务模块。

以下业务没有明确说明操作员时，都使用"demo"登录，密码为空，账套时间为2023年1月。

二、建立账套

1. 登录系统管理。

（1）双击桌面快捷方式"系统管理"，进入【用友U8系统管理】页面，如图2-2所示。

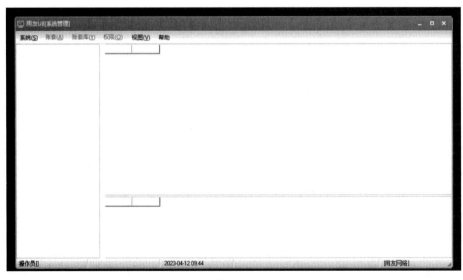

图2-2

（2）执行【系统】—【注册】命令，打开【登录】窗口。在"登录到"输入"127.0.0.1"，操作员为"admin"，密码为空；选择系统默认账套"（default）"，如图2-3所示。

图 2-3

（3）单击【登录】按钮，以系统管理员身份进入系统管理。

【操作提示】

（1）系统管理员（admin）是系统管理中权限最高的操作员，负责系统的数据安全和运行安全，因此安装用友软件后，应该及时更改系统管理员的密码，以防止其他操作人员任意使用其权限，勾选"修改密码"，可设置新密码。

（2）教学中，多人共用一台电脑，为了方便，建议不为系统管理员设置密码。

---

2. 建立账套。

（1）在【系统管理】中，执行【账套】—【建立】命令，打开【创建账套—建账方式】对话框，默认选择"新建空白账套"，如图2-4所示。

（2）单击【下一步】按钮，进入【创建账套—账套信息】对话框，输入账套号"100"、账套名称"江西南新电器销售有限公司"，账套路径为系统默认，启用会计期为2023年1月，会计期间设置为1月1日至12月31日，如图2-5所示。

图 2-4

图 2-5

【操作提示】

（1）新建账套号不能与已存账套号重复，设置后将不允许修改。

（2）账套路径为存储账套数据的路径，系统一般默认为用友 U8V10.15 软件的安装路径，也可以选择其他路径，但不能是网络磁盘，账套路径一旦设定不能修改。

（3）单击【下一步】按钮，进入【创建账套—单位信息】对话框，输入单位名称、单位简称、单位地址等信息，如图 2-6 所示。

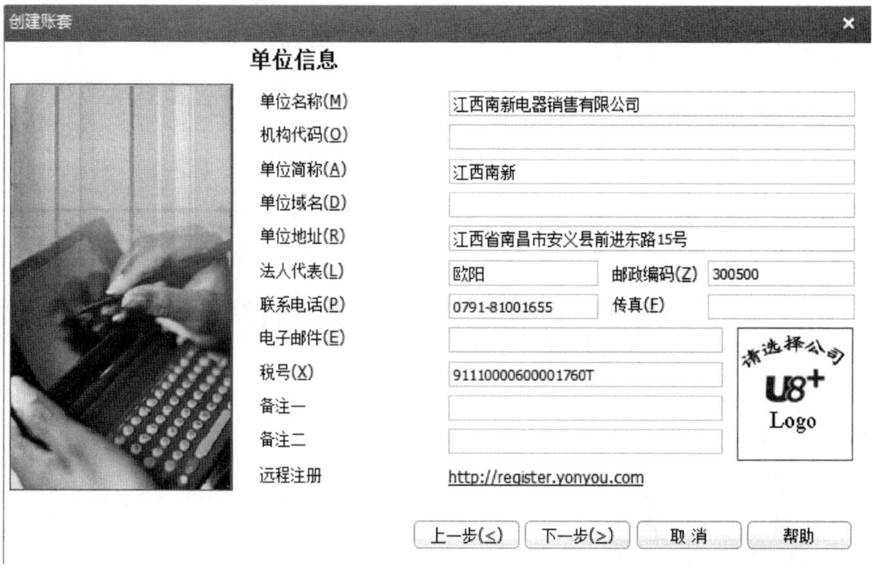

图 2-6

（4）单击【下一步】按钮，进入【创建账套—核算类型】对话框，采用系统默认本币代码"RMB"，本币名称为"人民币"，企业类型选择"商业"，行业性质选择"2007 年新会计准则科目"，在账套主管下拉列表框中选择"demo"，如图 2-7 所示。

图 2-7

【操作提示】

（1）企业类型：系统提供了工业和商业两种类型。若选择工业类型，则系统不能处理受托代销业务；若选择商业类型，委托代销和受托代销业务均能处理。

（2）行业性质：系统根据所选的行业类型自动配置国家规定的一级科目，如果不勾选此项，系统会计科目库为空。

（5）单击【下一步】按钮，进入【创建账套—基础信息】对话框，勾选"存货是否分类""客户是否分类""供应商是否分类"，如图 2 – 8 所示。

图 2 – 8

（6）单击【下一步】按钮，进入【创建账套—开始】对话框，单击【完成】按钮，系统弹出"可以创建账套了么？"提示框，如图 2 – 9 所示。

图 2 – 9

（7）单击【是】按钮，则系统进入建账过程。在弹出的【编码方案】对话框中，输入科目编码级次"4222"，其他编码级次设置采用默认值，如图 2 - 10 所示。

图 2 - 10

（8）单击【确定】按钮，再单击【关闭】或【取消】按钮，系统弹出【数据精度】对话框，采用系统默认值，如图 2 - 11 所示。

图 2 - 11

（9）单击【确定】按钮，弹出【建账成功】提示框，提示"现在进行系统启用的设置?"，如图2-12所示。

图2-12

（10）单击【是】按钮，弹出【系统启用】对话框，依次选中"总账、销售管理、采购管理、存货管理、库存管理、应收管理、应付管理、固定资产、薪资管理、合同管理、售后服务"模块，弹出【日历】对话框，选择启用自然日期"2023-01-01"，单击【确定】按钮，系统弹出"确实要启用当前系统吗?"提示框，单击【是】按钮，如图2-13所示。

图2-13

（11）启用完该企业所需的模块后，单击【退出】按钮，系统弹出"请进入企业应用平台进行业务操作！"提示框，单击【确定】按钮返回，建账完成，如图 2 – 14 所示。

图 2 – 14

思 政 小 结

会计软件应当保障企业按照国家统一会计准则制度开展会计核算，不得有违背国家统一会计准则制度的功能设计。在账套的修改、备份、恢复环节帮助学生理解，要确保会计资料的安全、完整和会计信息系统的持续、稳定运行。

第三章　基础设置

【学习目标】

1. 掌握部门的增删改操作；
2. 掌握人员类别与人员档案的增删改操作；
3. 掌握供应商及客户分类和档案设置的具体操作；
4. 掌握存货分类及档案设置的具体操作；
5. 掌握会计科目增删改及指定科目的具体操作；
6. 掌握增加项目大类、定义项目目录的具体操作；
7. 掌握基础设置的功能结构并能熟练掌握操作流程。

第一节　基础设置理论认知

对于一个新建立的账套来说，要根据企业的实际情况，将企业手工处理过程中的会计基础档案和初始数据录入系统的基础设置公共平台中，以满足特定企业需要的会计核算环境，各子系统的日常业务处理可以共享基础档案信息。基础设置的内容涉及多个子系统的运行，不特定专属于某个子系统。

基础设置主要包括基本信息、基础档案、业务参数、个人参数、单据设置和档案设置等内容。企业所有的基础信息设置，均需在遵循分类编码方案的基础上进行。此处主要对基础档案设置进行讲述，其他的基础设置内容在相应项目中阐述。基础档案框架如图 3 - 1 所示。

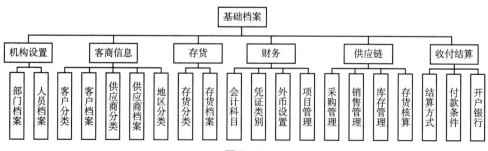

图 3 - 1

一、机构设置

机构设置包含部门档案和人员档案设置。部门档案的内容包括部门编码、部门名称、部门分类、部门负责人、部门属性等信息。其中，部门编码的设置应严格按照分类编码方案的设定进行，在部门档案和人员档案的设置顺序上，建议先设置部门档案，再设置人员档案，如果在设置部门档案中的负责人时已经输入了人员档案，可以从已输入的人员档案中进行选择；如果还未设置人员档案，可以在设置人员档案后，再返回到部门档案中采用【修改】功能进行补充设置。

在增加人员档案之前，先要对不同部门中不同工作性质的人员进行类别划分。在薪资管理子系统中，工资费用的分配及分摊是一项重要的工作，不同类别人员的工资所归属的入账科目是不同的，它不仅决定着生成凭证的正确性，更决定着成本管理数据的正确性。人员类别是人员档案的必选项目，先设置人员类别，再设置人员档案。

二、客商信息

客商信息是指与本单位有业务往来的客户或供应商信息。客商信息包括往来客户和往来供应商两大类。客商基础信息设置主要包括地区分类、客户分类、客户档案、供应商分类、供应商档案、行业分类等功能。

三、存货设置

存货是供应链管理系统处理的主要对象，流转程序涉及供应链管理的各个方面，种类和数量较多，科学分类是管理好存货的前提。存货档案的填写需要进行存货属性的设置，其目的是在填制单据时缩小存货参照范围，减少输入差错。

四、供应链设置

供应链管理初始化包括系统选项设置、期初数据录入、供应链系统期初记账三个部分。由于供应链管理系统的相关模块联系非常紧密，因此在进行初始化时需要统筹考虑，分别进行。

五、收付结算设置

在收付结算方式界面，建立和管理企业在经营活动中所涉及的结算方式。与手工结算方式一致，会计信息系统结算方式同样主要用于银行对账。结算方式最多可以分为两级，一旦被引用，便不能进行修改和删除的操作。

第二节　基础设置实训操作

一、角色设置及权限设置

(一) 实训资料

录入公司财务部门需要设置的角色,内容如表 3-1 所示。

表 3-1

角色编码	角色	权限
1001	财务经理	基本信息、财务会计
1002	资金经理	出纳管理、总账、网上银行
1003	财务会计	总账
1004	出纳员	出纳管理、网上银行
1005	往来经理	应收、应付、总账
1006	应付会计	应付、总账
1007	应收会计	应收、总账
1008	资产经理	总账、固定资产
1009	资产会计	总账、固定资产
1010	税务会计	总账、发票管理

(二) 实训步骤

1. 增加角色。

(1) 在【系统管理】中,执行【权限】—【角色】命令,进入【角色管理】窗口,如图 3-2 所示。

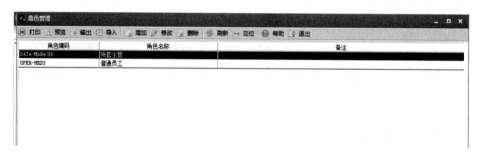

图 3-2

(2) 单击【增加】按钮,打开【角色详细情况】对话框,输入角色编号"1001"、角色名称"财务经理",如图 3-3 所示。

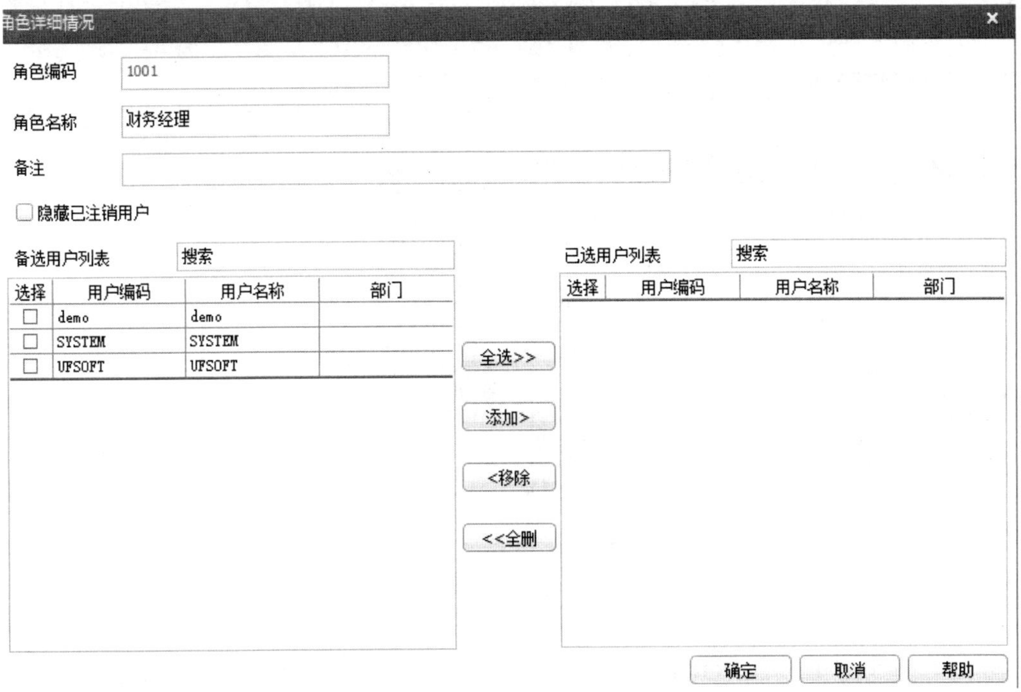

图 3-3

（3）单击【增加】按钮，根据实训资料依次完成其他角色信息的录入，结果如图 3-4 所示。

图 3-4

2. 设置权限。

（1）在【系统管理】中，执行【权限】命令，进入【操作员权限】窗口，选择"100"账套。单击选择"财务经理"，单击工具栏中的【修改】按钮。单击选择【基本信息】、【财务会计】的全部权限，如图 3-5 所示。

图 3－5

（2）选中后单击【保存】按钮。同理，按照实训资料依次增加其他操作人员权限。

二、用户及权限设置

（一）实训资料

录入公司财务部门的用户信息，内容如表 3－2 所示。

表 3－2

用户编码	用户	所属角色
101	蓝 波	财务经理，账套主管
102	李 荣	资金经理
103	王 芳	财务会计
104	周晓晴	出纳员
105	刘美霞	往来经理
106	黄晶晶	应付会计
107	付 可	应收会计
108	钱多多	资产经理
109	曹艳艳	资产会计
110	徐 超	税务会计

（二）实训步骤

增加操作员的相关步骤如下。

（1）在【系统管理】中，执行【权限】—【用户】命令，进入【用户管理】窗口。单击【增加】按钮，打开【操作员详细情况】对话框，输入编号"101"、姓名"蓝波"，口令和确认口令均为空，所属部门为"财务部"，角色勾选"财务经理、账套主管"，如图 3 - 6 所示。

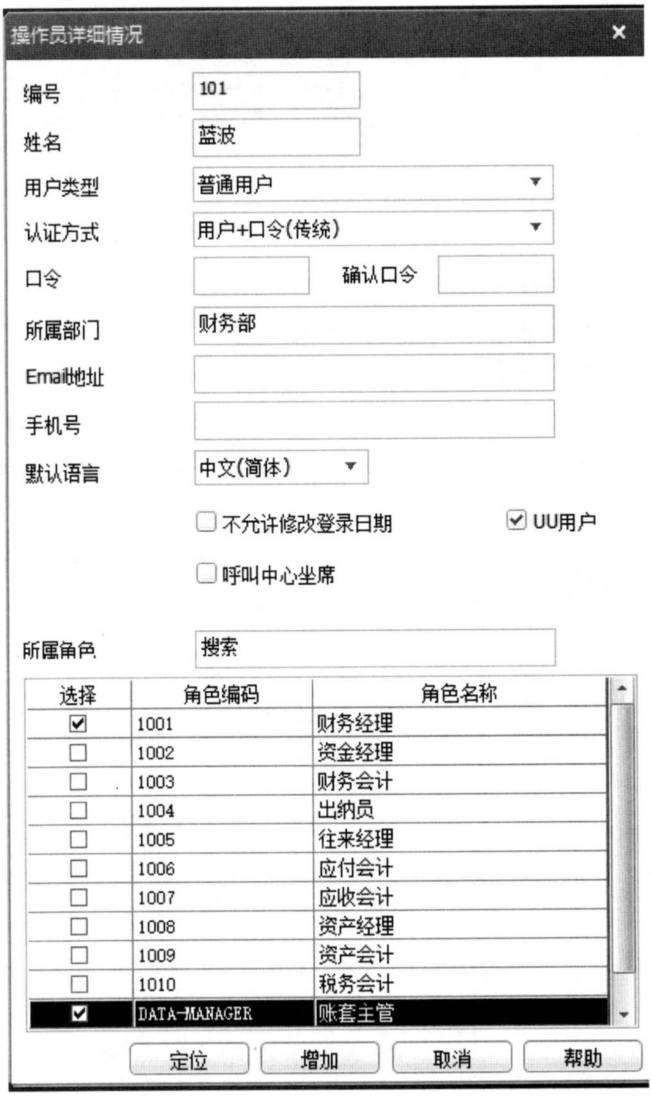

图 3 - 6

（2）单击【增加】按钮，根据实训资料依次完成其他操作员信息的录入，如图 3 - 7 所示。

图 3-7

【操作提示】

（1）只有系统管理员才有权设置操作员。

（2）操作员编号在系统中必须唯一，为保证系统安全、分清责任，应设置操作员口令。

（3）所设置的操作员用户一旦被引用，便不能再被修改和删除。

三、部门档案设置

（一）实训资料

录入公司部门档案信息，内容如表 3-3 所示。

表 3-3

部门编码	部门名称
1	总经理办公室
2	销售中心
201	营运部
202	仓储部
3	财务中心
301	资金核算部
302	往来管理部
303	资产管理部
4	市场中心
401	产品策划部

续表

部门编码	部门名称
402	终端管理部
403	资源管理部
5	营销中心
501	家电部
502	超市部
503	传统渠道部
504	电商渠道部
505	渠道拓展部
6	客户服务中心
601	网点管理部
602	配件管理部
603	残次品管理部
604	维修部
7	采购中心

（二）实训步骤

1. 登录用友企业应用平台。

（1）双击桌面快捷方式【企业应用平台】，进入【登录】窗口。输入登录到"127.0.0.1"、操作员"101"，无密码，选择账套"【100】（default）江西南新电器销售有限公司"，选择操作日期"2023－01－01"，如图3－8所示。

图 3－8

（2）单击【登录】按钮，进入企业应用平台，如图3-9所示。

图 3-9

2. 设置部门档案。

（1）单击【基础设置】菜单项，执行【基础档案】—【机构】—【部门档案】命令，进入【部门档案】窗口。单击【增加】按钮，进入【部门档案】窗口。输入部门编号"1"、部门名称"总经办"，如图3-10所示，单击工具栏【保存】按钮。

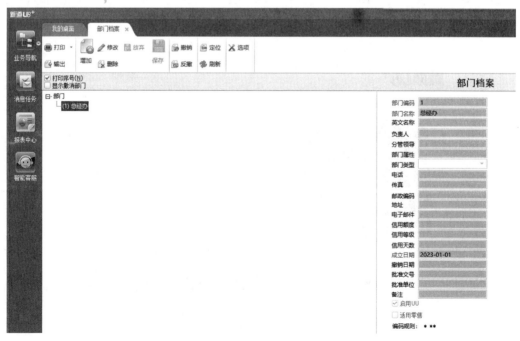

图 3-10

（2）按照上述步骤依次增加余下部门信息，如图 3 – 11 所示。

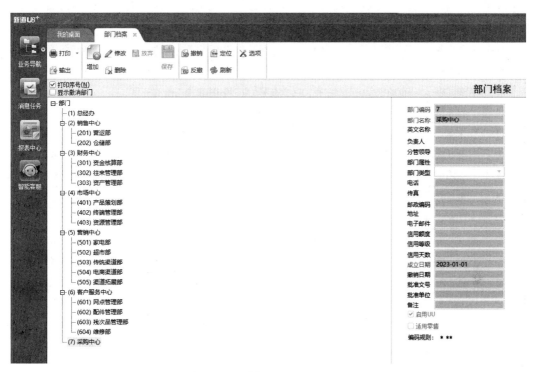

图 3 – 11

四、人员档案设置

（一）实训资料

录入公司人员档案信息，内容如表 3 – 4 所示。

表 3 – 4

人员编码	姓名	行政部门名称	部门编码	雇佣状态	人员类别	性别	业务或费用部门名称
01	王玉涛	总经办	1	在职	10101 总监级	男	总经办
02	陆　依	营运部	201	在职	10102 管理人员	女	营运管理部
03	王　成	仓储部	202	在职	10102 管理人员	男	仓储物流部
04	蓝　波	财务中心	3	在职	10103 财务人员	男	资金核算部
05	李　荣	资金核算部	301	在职	10103 财务人员	女	资金核算部
06	王　芳	资金核算部	301	在职	10103 财务人员	女	资金核算部
07	周晓晴	资金核算部	301	在职	10103 财务人员	女	资金核算部
08	刘美霞	往来管理部	302	在职	10103 财务人员	女	往来管理部
09	黄晶晶	往来管理部	302	在职	10103 财务人员	女	往来管理部

续表

人员编码	姓名	行政部门名称	部门编码	雇佣状态	人员类别	性别	业务或费用部门名称
10	刘 芳	往来管理部	302	在职	10103 财务人员	女	往来管理部
11	钱多多	资产管理部	303	在职	10103 财务人员	男	资产管理部
12	曹艳艳	资产管理部	303	在职	10103 财务人员	女	资产管理部
13	姜 涛	市场中心	4	在职	10104 市场人员	男	产品策划部
14	何芳艳	产品策划部	401	在职	10104 市场人员	女	产品策划部
15	宋丽芳	终端管理部	402	在职	10104 市场人员	女	终端管理部
16	贺红斌	家电部	501	在职	10105 销售人员	男	家电部
17	张小泉	家电部	501	在职	10105 销售人员	男	家电部
18	倪恩岩	超市部	502	在职	10105 销售人员	男	超市部
19	王光富	传统渠道部	503	在职	10105 销售人员	男	传统渠道部
20	王 乐	电商渠道部	504	在职	10105 销售人员	男	电商渠道部
21	郭 峰	渠道拓展部	505	在职	10105 销售人员	男	渠道拓展部
22	闫 岳	客户服务中心	6	在职	10106 服务人员	男	网点管理部
23	盖成宇	网点管理部	601	在职	10106 服务人员	男	网点管理部
24	张德禄	配件管理部	602	在职	10106 服务人员	男	配件管理部
25	旭 东	残次品管理部	603	在职	10106 服务人员	男	残次品管理部
26	王健亚	维修部	604	在职	10106 服务人员	男	维修部
27	张 云	采购中心	7	在职	10107 采购人员	女	采购中心

（二）实训步骤

（1）执行【基础档案】—【人员】—【人员档案】命令，进入【人员列表】窗口，如图 3 – 12 所示。

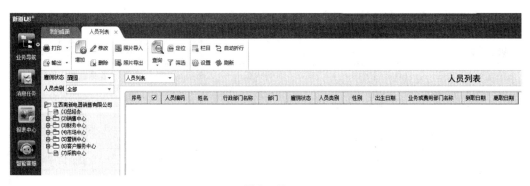

图 3 – 12

（2）单击【增加】按钮，进入【人员档案】对话框。输入人员编码 "01"、姓名 "王玉涛"，行政部门名称为 "总经办"，人员类别为 "正式工"，勾选 "业务员"，业务或费用部门名称为 "总经办"，如图 3 – 13 所示。单击【保存】按钮。

图 3 - 13

（3）同理，根据实训资料依次完成其他人员档案的录入，如图 3 - 14 所示。

图 3 - 14

五、客户档案设置

（一）实训资料

录入公司客户档案信息，内容如表 3 - 5、表 3 - 6 所示。

表 3 – 5

客户编码	客户名称	客户简称	客户分类编码	客户分类	电话
01	易初莲花连锁超市有限公司	易初莲花	01	代销客户	010 – 65575353
02	沃尔玛中国投资有限公司	沃尔玛	01	代销客户	0755 – 21512288
03	南昌美宜昌超市	南昌美宜昌	01	代销客户	0791 – 61003333
04	无锡当当网信息技术有限公司	无锡当当网	01	代销客户	0510 – 85309091
05	江西大银电子商务有限公司	江西大银	01	代销客户	0791 – 61003335
06	江西芳格电器销售有限公司	江西芳格	02	经销客户	0791 – 61003336
07	江西星空电器销售有限公司	星空电器	02	经销客户	0791 – 61003337
08	江西嘉中电器销售有限公司	江西嘉中电器	02	经销客户	0791 – 61003339
09	江西日驰电器销售有限公司	江西日驰电器	02	经销客户	0791 – 61003343
10	江西瑞诚电器销售有限公司	江西瑞诚电器	02	经销客户	0791 – 61003345
11	个人	个人	03	个人	

表 3 – 6

供应商名称	所属银行	开户银行	银行账号	税号
易初莲花连锁超市有限公司	中国工商银行	工商银行安义支行	513423210015368000001	21099971786958X
沃尔玛中国投资有限公司	中国建设银行	建设银行八一路支行	513423210015368000002	210999717869600
南昌美宜昌超市	中国建设银行	建设银行平安路支行	513423210015368000003	210999717869601
无锡当当网信息技术有限公司	中国银行	中国银行南昌支行	513423210015368000004	210999717869602
江西大银电子商务有限公司	中国银行	中国银行九江银行	513423210015368000005	210999717869603
江西芳格电器销售有限公司	中国工商银行	工商银行赣州银行	513423210015368000006	210999717869604
江西星空电器销售有限公司	中国农业银行	农业银行南昌支行	513423210015368000007	210999717869605
江西嘉中电器销售有限公司	中国农业银行	农业银行安义支行	513423210015368000008	210999717869606
江西日驰电器销售有限公司	中国农业银行	农业银行花旗支行	513423210015368000009	210999717869607
江西瑞诚电器销售有限公司	中国工商银行	工商银行亦庄支行	513423210015368000010	210999717869608

（二）实训步骤

1. 设置客户分类。执行【基础档案】—【客商信息】—【客户分类】命令，进入【客户分类】窗口。单击【增加】按钮，分类编码为"01"，分类名称为"代销客户"，点击【保存】按钮。按照此步骤设置其他两个分类，如图3-15所示。

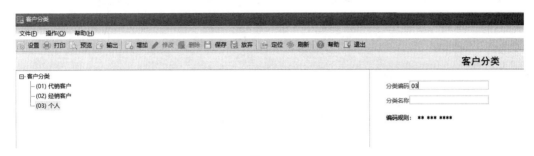

图3-15

2. 增加客户档案。

（1）执行【基础档案】—【客商信息】—【客户档案】命令，进入【客户档案】窗口。单击【增加】按钮，进入【增加客户档案】窗口。在"基本"选项卡中，输入客户编码"01"、客户名称"易初莲花连锁超市有限公司"、客户简称"易初莲花连锁超市有限公司"、所属分类"01"、税号"21099971786958X"，如图3-16所示。

图3-16

（2）单击工具栏【银行】按钮，进入【客户银行档案】窗口，单击【增加】按钮，选择所属银行"中国工商银行"、开户银行"工商银行安义支行"，输入银行账号"513423210015368000001"，默认值选择"是"，如图3-17所示。单击【保存】按钮，然后退出，回到【增加客户档案】窗口，单击工具栏中的【保存】按钮。

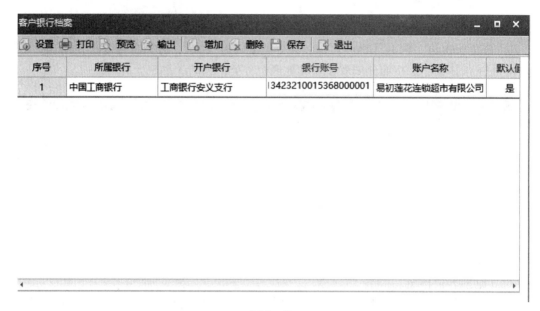

图 3 – 17

（3）同理，根据实训资料依次完成其他客户档案的录入，如图 3 – 18 所示。

图 3 – 18

六、供应商档案

（一）实训资料

录入公司供应商档案及银行信息，内容如表 3 – 7、表 3 – 8 所示。

表 3 - 7

编码	供应商名称	供应商简称	供应商类别	供应商类别编码	电话
01	江西南新电器制造有限公司	南新电器制造	产品供应商	01	0791 - 36377633
02	江西方复物流有限公司	方复物流	配送供应商	02	0791 - 36377635
03	江西大众传媒广告有限公司	大众传媒	广告供应商	03	0791 - 36377636
04	江西好孩子文具有限公司	好孩子文具	办公用品供应商	04	0791 - 36377637
05	江西广福电器制造有限公司	广福电器制造	代管供应商	05	0791 - 36377646
06	江西鼎日商业有限公司	鼎日商业	其他供应商	06	0791 - 36377647
07	江西龙太连锁超市有限公司	龙太连锁超市	其他供应商	06	0791 - 36377648
08	山东海贝电器有限公司	海贝电器	受托代销供应商	07	0791 - 36377649

表 3 - 8

供应商名称	所属银行	开户银行	银行账号	税号
江西南新电器制造有限公司	中国银行	中国银行安义支行	4234232100153680000000	911100006000017501
江西方复物流有限公司	中国工商银行	工行人民路支行	4234232100153680000001	911100006000017502
江西大众传媒广告有限公司	中国工商银行	南昌红谷滩支行	4234232100153680000002	911100006000017503
江西好孩子文具有限公司	中国工商银行	南昌红谷滩支行	4234232100153680000003	911100006000017504
江西广福电器制造有限公司	中国工商银行	南昌红谷滩支行	4234232100153680000004	911100006000017505
江西鼎日商业有限公司	中国工商银行	南昌红谷滩支行	4234232100153680000005	911100006000017506
江西龙太连锁超市有限公司	华夏银行	南昌红谷滩支行	4234232100153680000006	911100006000017507
山东海贝电器有限公司	中国工商银行	工行青岛海昌路支行	4234232100153680000007	911100006000017508

(二) 实训步骤

1. 设置供应商分类。执行【基础档案】—【客商信息】—【供应商分类】命令，进入【供应商分类】窗口。单击【增加】按钮，分类编码为 "01"，分类名称为"产品供应商",点击【保存】按钮。按照此步骤设置其他分类,如图 3 – 19 所示。

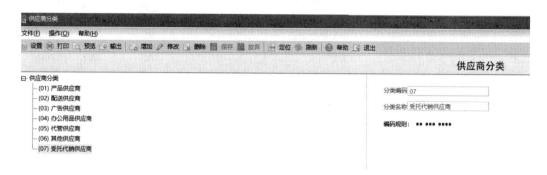

图 3 – 19

2. 增加供应商档案。

(1) 执行【基础档案】—【客商信息】—【供应商档案】命令,进入【供应商档案】窗口。单击【增加】按钮,进入【修改供应商档案】窗口。在"基本"选项卡中,输入供应商编码"01"、供应商名称"江西南新电器制造有限公司"、供应商简称"南新电器制造"、所属分类"01"、税号"911100006000017501"、开户银行"中国银行安义支行"、银行账号"423423210015368000000",如图 3 – 20 所示,单击工具栏中的【保存】按钮。

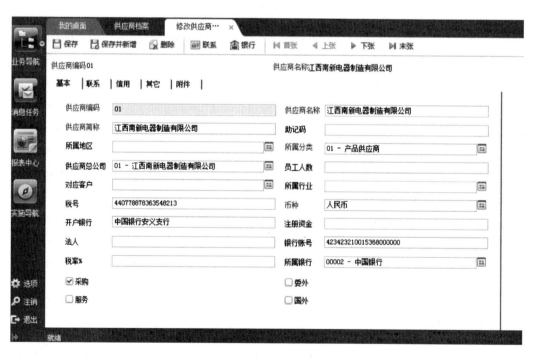

图 3 – 20

（2）同理，根据实训资料依次完成其他供应商档案的录入，如图 3 - 21 所示。

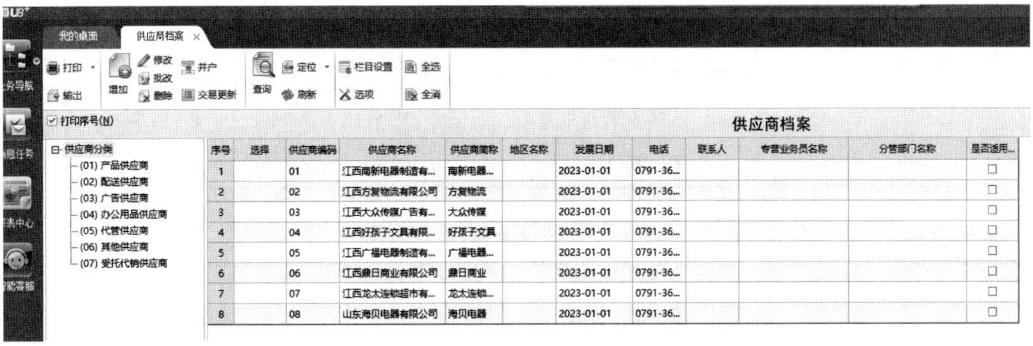

图 3 - 21

七、存货档案设置

（一）实训资料

录入公司存货档案，内容如表 3 - 9 ~ 表 3 - 15 所示。

表 3 - 9 仓库档案

仓库编码	仓库名称	计价方式
01	商品仓	全月平均法
02	专卖店仓	全月平均法
03	代管仓	全月平均法
04	办公用品仓	全月平均法
05	配件仓	全月平均法
06	残次品仓	全月平均法

表 3 - 10 存货分类

分类编码	分类名称
01	加湿器
02	电风扇
03	电暖气
04	空气净化器
05	冰箱
06	冰柜
07	受托代销商品
08	代管商品
09	办公用品
10	劳务类

表 3-11   计量单位

计量单位组编码	计量单位组名称	计量单位编码	计量单位名称
01	无换算率	0101	台
01	无换算率	0102	包
01	无换算率	0103	无

表 3-12   存货档案

存货分类	存货编码	存货名称	单位	税率	存货属性
01 加湿器	0101	小熊迷你加湿器	台	13%	内销、外销、采购
	0102	智能恒温加湿器	台	13%	内销、外销
	0103	大容量上加水加湿器	台	13%	内销、外销、采购
02 电风扇	0201	无叶风扇	台	13%	内销、外销、采购
	0202	落地扇	台	13%	内销、外销、采购
	0203	空气循环扇	台	13%	内销、外销、采购
03 电暖气	0301	暖风机	台	13%	内销、外销、采购
	0302	电暖气片	台	13%	内销、外销、采购
04 空气净化器	0401	智能空气净化器	台	13%	内销、外销、采购
	0402	负离子空气净化器	台	13%	内销、外销、采购
	0403	母婴护理空气净化器	台	13%	内销、外销、采购
05 冰箱	0501	500 升大容量十字对开门冰箱	台	13%	内销、外销、采购、服务产品
	0502	258 升无霜三门冰箱	台	13%	内销、外销、采购、服务产品
	0503	655 升对开门冰箱	台	13%	内销、外销、采购、服务产品
06 冰柜	0601	102 升家用冰柜	台	13%	内销、外销、采购、服务产品
	0602	215 升双箱双温区冰柜	台	13%	内销、外销、采购、服务产品
	0603	305 升商用卧式冰柜	台	13%	内销、外销、采购、服务产品
07 受托代销商品	0701	海贝空调	台	13%	内销、外销、采购、受托代销
08 代管商品	0801	小峰空调	台	13%	内销、外销、采购、服务产品
09 办公用品	0901	A4 打印纸	包	13%	采购
10 劳务类	1001	运费	无	9%	内销、外销、应税劳务
	1002	广告费	无	6%	内销、外销、应税劳务
	1003	服务费	无	6%	内销、外销、服务项目、应税劳务

表 3 – 13 收发类别

收发类别编码	收发类别名称
1	入库
11	采购入库
12	盘盈入库
13	受托代销入库
2	出库
21	销售出库
22	委托代销出库
23	盘亏出库

表 3 – 14 采购类型

采购类型编码	采购类型名称	入库类别
01	正常采购	采购入库
02	受托代销	采购入库

表 3 – 15 销售类型

销售类型编码	销售类型名称	出库类别
01	正常销售	销售出库
02	委托代销	委托代销出库
03	批发	销售出库
04	代销	委托代销出库

(二) 实训步骤

1. 仓库档案。执行【基础档案】—【仓库档案】命令，进入【仓库档案】窗口，点击【增加】按钮，仓库编码为"01"，仓库名称为"商品仓"，计价方式为"全月平均法"，其他默认，单击【保存】按钮。如图 3 – 22 所示。

同理，其他仓库档案按照上述步骤操作完成录入，如图 3 – 23 所示。

2. 存货分类。执行【基础档案】—【存货分类】命令，进入【存货分类】窗口，点击【增加】按钮，分类编码为"01"，分类名称为"加湿器"，其他默认，点击【保存】按钮。同理，其他分类档案按照上述步骤操作完成录入。如图 3 – 24 所示。

图 3 - 22

图 3 - 23

图 3 - 24

3. 计量单位。

（1）执行【基础档案】—【计量单位】命令，点击【分组】，点击【增加】按钮，计量单位组编码为"01"，计量单位组名称为"无换算率"，点击【保存】按钮，如图 3 – 25 所示。

图 3 – 25

（2）执行【基础档案】—【计量单位】命令，点击【单位】，点击【增加】按钮，计量单位编码为"0101"，计量单位名称为"台"，点击【保存】按钮，如图 3 – 26 所示。

图 3 – 26

4. 存货档案。

（1）执行【基础档案】—【存货档案】命令，点击【增加】，存货编码为"0101"，存货名称为"小熊迷你加湿器"，存货分类为"01"，计量单位组为"01"，主计量单位为"台"，存货属性为"内销、外销、采购"，点击【价格成本】，税率为"13%"，点击【保存】按钮，如图 3 – 27 所示。

（2）同理，其他分类档案按照上述步骤操作完成录入，如图 3 – 28 所示。

图 3 – 27

图 3 – 28

5. 收发类别。执行【基础档案】—【收发类别】命令，点击【增加】按钮，收发类别编码为"01"，收发类别名称为"入库"，收发标志为"收"，其他默认，点击【保存】按钮。同理，其他收发类别按照上述步骤进行操作以完成录入，如图 3-29 所示。

图 3-29

6. 采购类型。执行【基础档案】—【采购类型】命令，点击【增加】按钮，采购类型编码为"01"，采购类型名称为"正常采购"，入库类别为"采购入库"，其他默认，如图 3-30 所示。

序号	采购类型编码	采购类型名称	入库类别	是否默认值	是否委外默认值	参与需求计划运算
1	01	正常采购	采购入科	否	否	是
2	02	受托代销	采购入科	否	否	是

图 3-30

7. 销售类型。执行【基础档案】—【销售类型】命令，点击【增加】按钮，销售类型编码为"01"，销售类型名称为"正常销售"，出库类别为"销售出库"，其他默认，如图 3-31 所示。

序号	销售类型编码	销售类型名称	出库类别	是否默认值	参与需求计划运算
1	01	正常销售	销售出库	否	是
2	02	委托代销	委托代销出库	否	是
3	03	批发	销售出库	否	是
4	04	代销	委托代销出库	否	是

图 3-31

八、财务设置

（一）会计科目

1. 实训资料。录入会计科目，内容如表 3 – 16 ~ 表 3 – 18 所示。

表 3 – 16   会计科目

科目编码	科目名称	辅助账类型	余额方向
1001	库存现金	日记账	借
1002	银行存款	银行账、日记账	借
100201	工行存款	银行账、日记账	借
1003	存放中央银行款项		借
1011	存放同业		借
1012	其他货币资金	银行账、日记账	借
101201	支付宝	银行账、日记账	借
101202	存出投资款	银行账、日记账	借
1021	结算备付金		借
1031	存出保证金		借
1101	交易性金融资产		借
1111	买入返售金融资产		借
1121	应收票据	客户往来、应收系统	借
112101	银行承兑汇票	客户往来、应收系统	借
112102	商业承兑汇票	客户往来、应收系统	借
1122	应收账款	客户往来、应收系统	借
1123	预付账款	供应商往来、应付系统	借
1131	应收股利		借
1132	应收利息		借
1201	应收代位追偿款		借
1211	应收分保账款		借
1212	应收分保合同准备金		借
1221	其他应收款		借
122101	单位	客户往来	借
122102	个人	个人往来	借
122103	其他		借
1231	坏账准备		贷
1301	贴现资产		借
1302	拆出资金		借

续表

科目编码	科目名称	辅助账类型	余额方向
1303	贷款		借
1304	贷款损失准备		贷
1311	代理兑付证券		借
1321	代理业务资产		借
1401	材料采购		借
1402	在途物资		借
1403	原材料		借
1404	材料成本差异		借
1405	库存商品	项目核算（单位：台）	借
1406	发出商品		借
1407	商品进销差价		贷
1408	委托加工物资		借
1409	受托代销商品		借
1411	周转材料		借
1421	消耗性生物资产		借
1431	贵金属		借
1441	抵债资产		借
1451	损余物资		借
1461	融资租赁资产		借
1462	合同资产		借
1471	存货跌价准备		贷
1501	持有至到期投资		借
1502	持有至到期投资减值准备		贷
1503	可供出售金融资产		借
1511	长期股权投资		借
1512	长期股权投资减值准备		贷
1521	投资性房地产		借
1531	长期应收款		借
1532	未实现融资收益		贷
1541	存出资本保证金		借
1601	固定资产		借
1602	累计折旧		贷
1603	固定资产减值准备		贷
1604	在建工程		借
1605	工程物资		借

续表

科目编码	科目名称	辅助账类型	余额方向
1606	固定资产清理		借
1611	未担保余值		借
1621	生产性生物资产		借
1622	生产性生物资产累计折旧		贷
1623	公益性生物资产		借
1631	油气资产		借
1632	累计折耗		贷
1701	无形资产		借
1702	累计摊销		贷
1703	无形资产减值准备		贷
1711	商誉		借
1801	长期待摊费用		借
1811	递延所得税资产		借
1821	独立账户资产		借
1901	待处理财产损溢		借
2001	短期借款		贷
2002	存入保证金		贷
2003	拆入资金		贷
2004	向中央银行借款		贷
2011	吸收存款		贷
2012	同业存放		贷
2021	贴现负债		贷
2101	交易性金融负债		贷
2111	卖出回购金融资产款		借
2201	应付票据	供应商往来、应付系统	贷
220101	银行承兑汇票	供应商往来、应付系统	贷
220102	商业承兑汇票	供应商往来、应付系统	贷
2202	应付账款	供应商往来、应付系统	贷
220201	应付货款	供应商往来、应付系统	贷
220202	暂估应付款	供应商往来、应付系统	贷
2203	预收账款	客户往来、应收系统	贷
220301	货款	客户往来、应收系统	贷
220302	定金	客户往来、应收系统	贷
220303	其他	客户往来、应收系统	贷
2204	合同负债		贷

续表

科目编码	科目名称	辅助账类型	余额方向
2211	应付职工薪酬		贷
221101	工资		贷
221102	职工福利		贷
221103	社会保险费		贷
221104	住房公积金		贷
221105	工会经费		贷
221106	职工教育经费		贷
221107	住房补贴		贷
221108	其他		贷
2221	应交税费		贷
222101	应交增值税		贷
22210101	销项税额		贷
22210102	进项税额		贷
22210103	进项税额转出		贷
22210104	转出未交增值税		贷
222102	未交增值税		贷
222103	应交所得税		贷
222104	应交城市维护建设税		贷
222105	应交教育费附加		贷
222106	应交地方教育附加		贷
222107	应交房产税		贷
222108	应交城镇土地使用税		贷
222109	应交个人所得税		贷
222110	其他		贷
2231	应付利息		贷
2232	应付股利		贷
2241	其他应付款		贷
224101	单位	供应商往来、应付系统	贷
224102	个人	个人往来	贷
224103	其他		贷
2251	应付保单红利		贷
2261	应付分保账款		贷
2311	代理买卖证券款		贷
2312	代理承销证券款		贷
2313	代理兑付证券款		贷

科目编码	科目名称	辅助账类型	余额方向
2314	受托代销商品款		贷
2401	递延收益		贷
2501	长期借款		贷
2502	应付债券		贷
2601	未到期责任准备金		贷
2602	保险责任准备金		贷
2611	保户储金		贷
2621	独立账户负债		借
2701	长期应付款		贷
2702	未确认融资费用		借
2711	专项应付款		贷
2801	预计负债		贷
2901	递延所得税负债		贷
3001	清算资金往来		借
3002	货币兑换		借
3101	衍生工具		借
3201	套期工具		借
3202	被套期项目		借
4001	实收资本		贷
4002	资本公积		贷
4101	盈余公积		贷
410101	法定盈余公积		贷
410102	任意盈余公积		贷
4102	一般风险准备		贷
4103	本年利润		贷
4104	利润分配		贷
410401	未分配利润		贷
410402	提取法定盈余公积		贷
410403	提取任意盈余公积		贷
4201	库存股		借
5001	生产成本		借
5101	制造费用		借
5201	劳务成本		借
5301	研发支出		借
5401	工程施工		借

续表

科目编码	科目名称	辅助账类型	余额方向
5402	工程结算		贷
5403	机械作业		借
6001	主营业务收入		贷
6011	利息收入		贷
6021	手续费及佣金收入		贷
6031	保费收入		贷
6041	租赁收入		贷
6051	其他业务收入		贷
6061	汇兑损益		贷
6101	公允价值变动损益		贷
6111	投资收益		贷
6201	摊回保险责任准备金		贷
6202	摊回赔付支出		贷
6203	摊回分保费用		贷
6301	营业外收入		贷
6401	主营业务成本		借
6402	其他业务成本		借
6403	税金及附加		借
6411	利息支出		借
6421	手续费及佣金支出		借
6501	提取未到期责任准备金		借
6502	提取保险责任准备金		借
6511	赔付支出		借
6521	保单红利支出		借
6531	退保金		借
6541	分出保费		借
6542	分保费用		借
6601	销售费用		借
660101	职工薪酬	部门核算	借
660102	折旧费	部门核算	借
660103	修理费	部门核算	借
660104	租赁费	部门核算	借
660105	水费	部门核算	借
660106	电费	部门核算	借
660107	取暖费	部门核算	借

科目编码	科目名称	辅助账类型	余额方向
660108	办公费	部门核算	借
660109	差旅费	部门核算	借
660110	会议费	部门核算	借
660111	通信费	部门核算	借
660112	印刷费	部门核算	借
660113	销货运杂费	部门核算	借
660114	广告费	部门核算	借
660115	促销费	部门核算	借
660116	培训费	部门核算	借
660117	业务招待费	部门核算	借
660118	其他		借
6602	管理费用		借
660201	职工薪酬	部门核算	借
660202	折旧费	部门核算	借
660203	修理费	部门核算	借
660204	租赁费	部门核算	借
660205	水费	部门核算	借
660206	电费	部门核算	借
660207	取暖费	部门核算	借
660208	办公费	部门核算	借
660209	差旅费	部门核算	借
660210	会议费	部门核算	借
660211	通信费	部门核算	借
660212	印刷费	部门核算	借
660213	图书资料费	部门核算	借
660214	业务招待费	部门核算	借
660215	车辆使用费	部门核算	借
660216	无形资产摊销	部门核算	借
660217	审计费	部门核算	借
660218	咨询费	部门核算	借
660219	警卫消防费	部门核算	借
660220	环境卫生费	部门核算	借
660221	行政性收费	部门核算	借

续表

科目编码	科目名称	辅助账类型	余额方向
660222	培训费	部门核算	借
660223	物业管理费	部门核算	借
660224	其他		借
6603	财务费用		借
660301	利息支出		借
660302	利息收入		借
660303	其他费用		借
660304	工本费		借
660305	现金折扣		借
6604	勘探费用		借
6701	资产减值损失		借
6702	信用减值损失		贷
6711	营业外支出		借
6801	所得税费用		借
6901	以前年度损益调整		借

表 3 – 17　　　　　　　　　　　　　凭证类别

类别字	类别名称	限制类型
记	记账凭证	无限制

表 3 – 18　　　　　　　　　　　　　指定会计科目

项目	会计科目
现金科目	1001 库存现金
银行科目	1002 银行存款 1012 其他货币资金
现金流量科目	1001 库存现金 100201 工行存款 101201 支付宝

2. 实训步骤。

（1）会计科目设置。执行【业务导航】—【基础设置】—【基础档案】—【会计科目】命令，进入【会计科目】窗口，点击【增加】按钮，进入【新增会计科目】窗口，输入科目编码"100201"、科目名称"工行存款"，勾选"日记账、银行账"，其他的采用默认值，如图 3 – 32 所示。

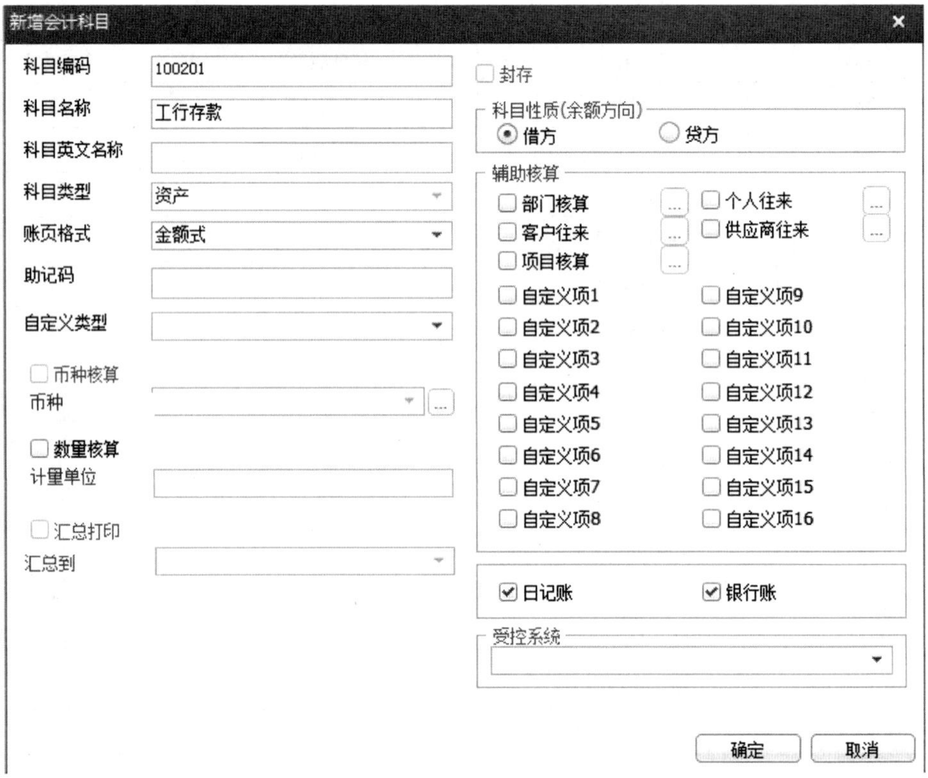

图 3－32

同理，其他会计科目按此步骤设置，如图 3－33 所示。

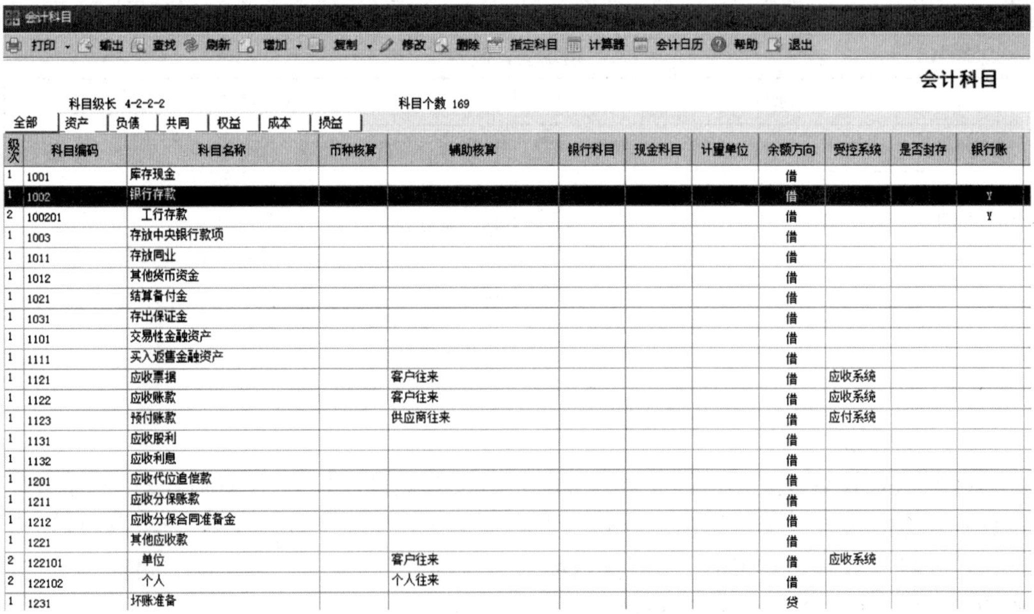

级次	科目编码	科目名称	币种核算	辅助核算	银行科目	现金科目	计量单位	余额方向	受控系统	是否封存	银行账
1	1001	库存现金						借			
1	1002	银行存款						借			Y
2	100201	工行存款						借			Y
1	1003	存放中央银行款项						借			
1	1011	存放同业						借			
1	1012	其他货币资金						借			
1	1021	结算备付金						借			
1	1031	存出保证金						借			
1	1101	交易性金融资产						借			
1	1111	买入返售金融资产						借			
1	1121	应收票据		客户往来				借	应收系统		
1	1122	应收账款		客户往来				借	应收系统		
1	1123	预付账款		供应商往来				借	应付系统		
1	1131	应收股利						借			
1	1132	应收利息						借			
1	1201	应收代位追偿款						借			
1	1211	应收分保账款						借			
1	1212	应收分保合同准备金						借			
1	1221	其他应收款						借			
2	122101	单位		客户往来				借	应收系统		
2	122102	个人		个人往来				借			
1	1231	坏账准备						贷			

图 3－33

（2）指定会计科目。执行【业务导航】—【基础设置】—【基础档案】—【会计科目】命令，进入【会计科目】窗口，点击【指定科目】按钮，选择"现金科目"，点击"库存现金"，点击"＞"，依次操作银行存款及现金流量科目，操作完成，点击【确定】按钮，如图 3 – 34 所示。

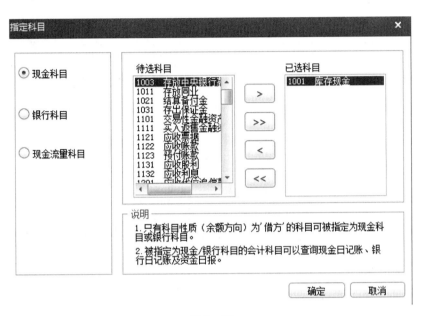

图 3 – 34

（3）凭证类别设置。执行【基础档案】—【凭证类别】—【记账凭证】命令，进入【凭证类别】窗口，如图 3 – 35 所示。

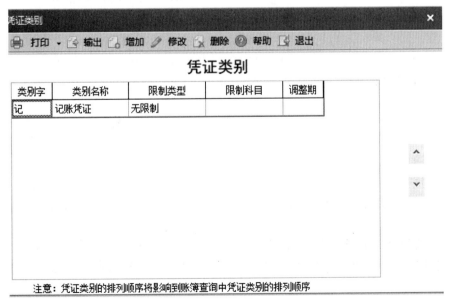

图 3 – 35

（二）项目设置

1. 实训资料。录入公司项目，内容如表3-19所示。

表3-19

项目大类名称	核算科目	项目分类名称	项目目录	
存货核算	1405 库存商品	01 加湿器	0101	小熊迷你加湿器
			0102	智能恒湿加湿器
			0103	大容量上加水加湿器
		02 电风扇	0201	无叶风扇
			0202	落地扇
			0203	空气循环扇
		03 电暖气	0301	暖风机
			0302	电暖气片
		04 空气净化器	0401	智能空气净化器
			0402	负离子空气净化器
			0403	母婴护理空气净化器
		05 冰箱	0501	500 升大容量十字对开门冰箱
			0502	258 升无霜三门冰箱
			0503	655 升对开门冰箱
		06 冰柜	0601	102 升家用冰柜
			0602	215 升双箱双温区冰柜
			0603	305 升商用卧式冰柜
		07 受托代销商品	0701	海贝空调
		08 代管商品	0801	小峰空调
		09 办公用品	0901	A4 打印纸
		10 劳务类	1001	运费
			1002	广告费
			1003	服务费

2. 实训步骤。

（1）执行【基础档案】—【项目大类】命令，进入【项目大类】窗口，点击【增加】按钮，选择"使用存货目录定义项目"，点击【完成】按钮，如图3-36所示。

（2）执行【基础档案】—【项目大类】命令，进入【项目大类】窗口，选择"存货核算"大类，将待选科目"库存商品"转到已选科目，如图3-37所示。

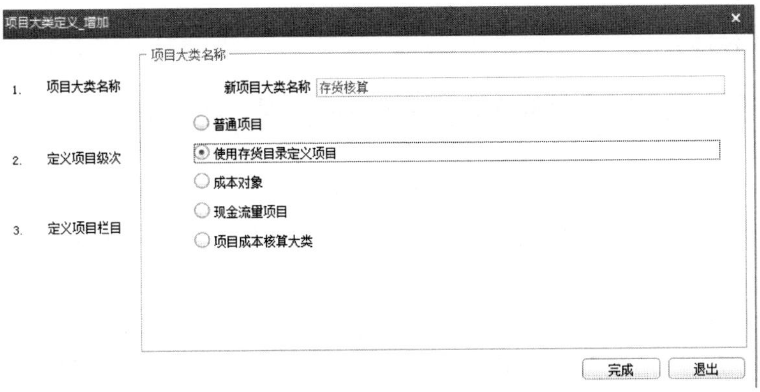
项目大类定义_增加
1. 项目大类名称
2. 定义项目级次
3. 定义项目栏目
项目大类名称
新项目大类名称 存货核算
普通项目
使用存货目录定义项目
成本对象
现金流量项目
项目成本核算大类
完成
退出

图 3－36

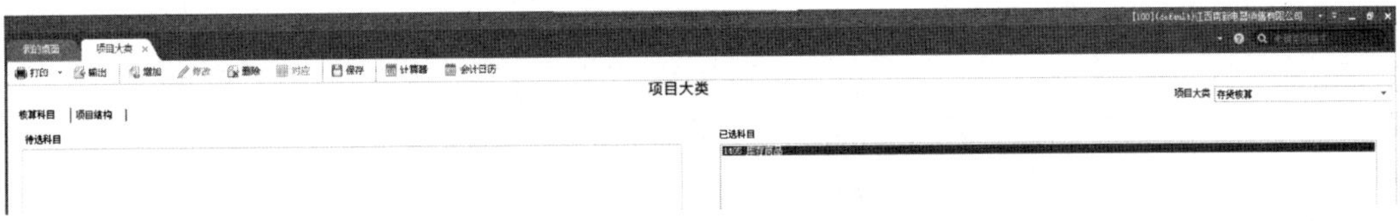
项目大类
项目大类 存货核算
已选科目

图 3－37

（3）执行【基础档案】—【项目目录】命令，进入【项目目录】窗口，项目大类选择“存货核算”，点击【维护】进入【存货档案】窗口。点击【增加】按钮，进入【增加存货档案】窗口，将存货档案信息填写完整，如图 3－38 所示。

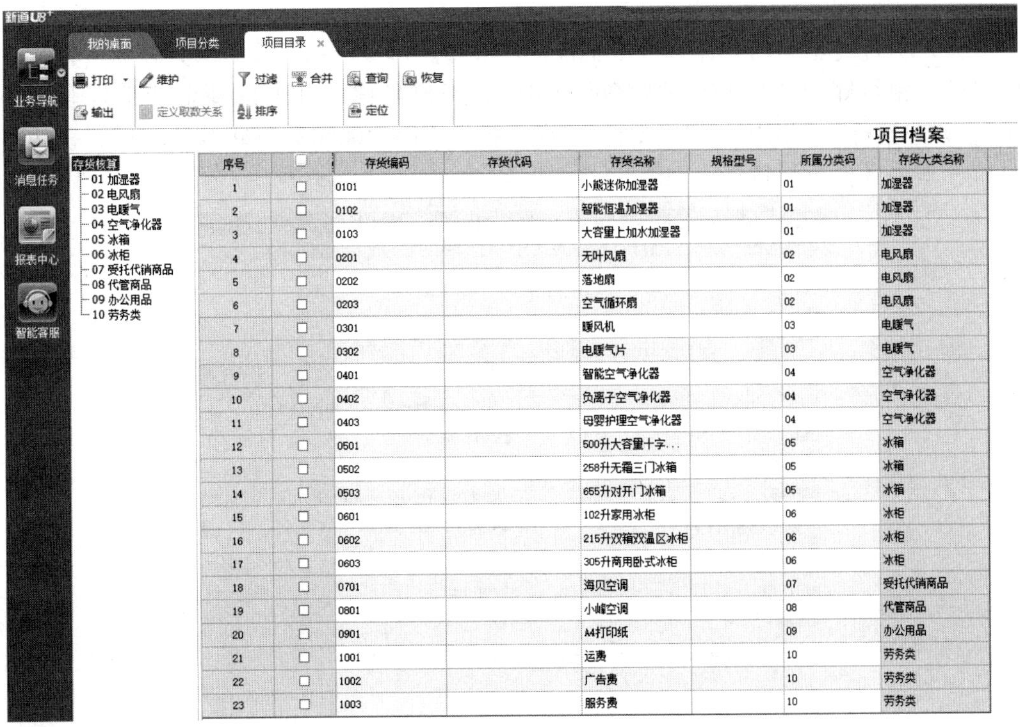
新道UB+
我的桌面
项目分类
项目目录
打印
维护
过滤
合并
查询
恢复
输出
定义取数关系
排序
定位
业务导航
消息任务
报表中心
智能客服
项目档案
存货核算
01 加湿器
02 电风扇
03 电暖气
04 空气净化器
05 冰箱
06 冰柜
07 受托代销商品
08 代管商品
09 办公用品
10 劳务类
序号 存货编码 存货代码 存货名称 规格型号 所属分类码 存货大类名称
1 0101 小熊迷你加湿器 01 加湿器
2 0102 智能恒温加湿器 01 加湿器
3 0103 大容量上加水加湿器 01 加湿器
4 0201 无叶风扇 02 电风扇
5 0202 落地扇 02 电风扇
6 0203 空气循环扇 02 电风扇
7 0301 暖风机 03 电暖气
8 0302 电暖气片 03 电暖气
9 0401 智能空气净化器 04 空气净化器
10 0402 负离子空气净化器 04 空气净化器
11 0403 母婴护理空气净化器 04 空气净化器
12 0501 500升大容量十字... 05 冰箱
13 0502 258升无霜三门冰箱 05 冰箱
14 0503 655升对开门冰箱 05 冰箱
15 0601 102升家用冰柜 06 冰柜
16 0602 215升双箱双温区冰柜 06 冰柜
17 0603 305升商用卧式冰柜 06 冰柜
18 0701 海贝空调 07 受托代销商品
19 0801 小峰空调 08 代管商品
20 0901 A4打印纸 09 办公用品
21 1001 运费 10 劳务类
22 1002 广告费 10 劳务类
23 1003 服务费 10 劳务类

图 3－38

（三）收付结算

1. 实训资料。公司收付结算内容如表 3–20、表 3–21 所示。

表 3–20 本单位开户银行

编码	银行账号	账户名称	是否暂封	开户银行	所属银行编码	所属银行名称	联行号	机构号
1	1100228896666999988	江西南新电器销售有限公司	否	中国银行安义支行	00002	中国银行	1	11

表 3–21 结算方式

结算方式编码	结算方式名称	是否票据管理	适用零售
1	现金	否	否
2	转账支票	否	否
3	现金支票	否	否
4	网银转账	否	否
5	支付宝	否	否
6	其他	否	否
7	银行承兑汇票	否	否
8	商业承兑汇票	否	否

2. 实训步骤。

（1）执行【基础档案】—【本单位开户银行】命令，点击【增加】按钮，输入编码"1"，银行账户"1100228896666999988"，账户名称"江西南新电器销售有限公司"，开户银行"中国银行安义支行"，所属银行编码"00002"，联行号"1"，机构号"11"，点击【保存】按钮，如图 3–39 所示。

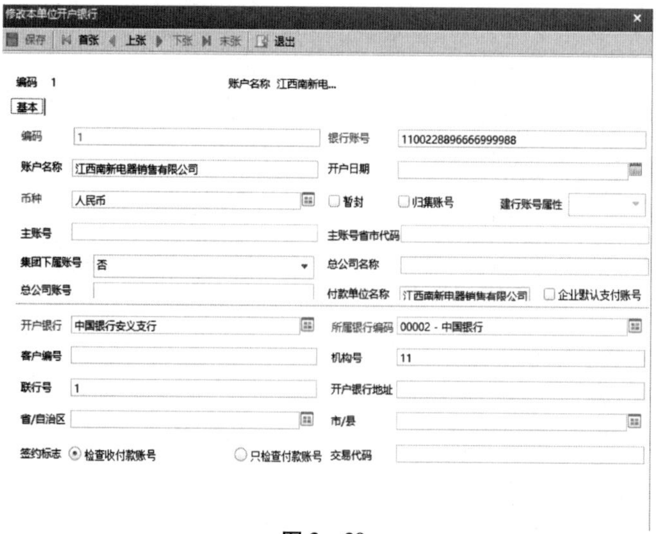

图 3–39

（2）执行【基础档案】—【结算方式】命令，进入【结算方式】窗口，点击【增加】按钮，输入结算方式编码"1"，结算方式名称"现金"。点击【保存】按钮。同理，其他结算方式按上述步骤操作，如图 3-40 所示。

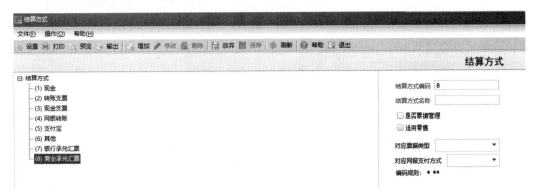

图 3-40

九、单据设置

（一）实训资料

采购发票和销售发票，设置为单据号手工录入。

（二）实训步骤

（1）执行【基础档案】—【单据设置】—【单据编号设置】命令，进入【编号设置】窗口，如图 3-41 所示。

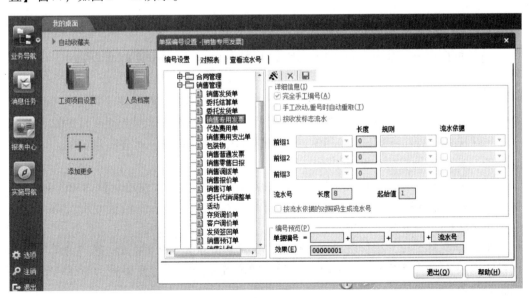

图 3-41

（2）进入"销售管理""销售专用发票"，勾选"完全手工编号"，如图 3 - 42 所示。同理进入"采购管理""采购专用发票"，勾选"完全手工编号"。

图 3 - 42

十、供应链模块期初余额维护

（一）应收账款期初数据维护

1. 实训资料。

（1）应收账款参数设置。坏账处理方式：应收余额百分比法。

（2）科目设置。基本科目设置：应收科目 - 1122，销售收入科目 - 6001，应交增值税销项税科目 - 22210101。

结算方式科目设置：现金 - 1001，现金支票 - 100201，转账支票 - 100201，网银转账 - 100201，支付宝 - 101201，银行承兑汇票 - 112101，商业承兑汇票 - 112102。

坏账准备设置：提取比例 0.5% 。期初余额 0，科目 1231，对方科目 6702。

（3）应收账款期初数据如下所示。

2022 年 6 月 1 日，销售大容量上加水加湿器 1 000 台，含税总价款为 265 444 元，客户为易初莲花连锁超市有限公司，销售部门为家电部，开出增值税专用发票，发票号为 80000003，尚未收到款项。

2022 年 5 月 5 日，销售暖风机 400 台，含税总价款为 159 570 元，客户为沃尔玛中国投资有限公司，销售部门为家电部，开出增值税专用发票，发票号为 80000002，尚未收到款项。

2022 年 4 月 20 日，销售智能空气净化器 55 台，含税总价款为 134 384 元，客户为南昌美宜昌超市，销售部门为家电部，开出增值税专用发票，发票号为80000001，尚未收到款项。

2022年6月2日，销售暖风机270台，含税总价款为110 362元，客户为无锡当当网信息技术有限公司，销售部门为家电部，开出增值税专用发票，发票号为80000004，尚未收到款项。

2022年6月20日，销售无叶风扇600台，含税总价款为193 284元，客户为江西大银电子商务有限公司，销售部门为家电部，开出增值税专用发票，发票号为80000005，尚未收到款项。

2. 实训步骤。

(1) 应收账款参数设置。进入【U8企业应用平台】—【业务工作】—【财务会计】—【应收款管理】—【设置】—【选项】，进入【账套参数设置】窗口，单击【编辑】，将坏账处理方式改为"应收余额百分比法"，单击【确定】，如图3-43所示。

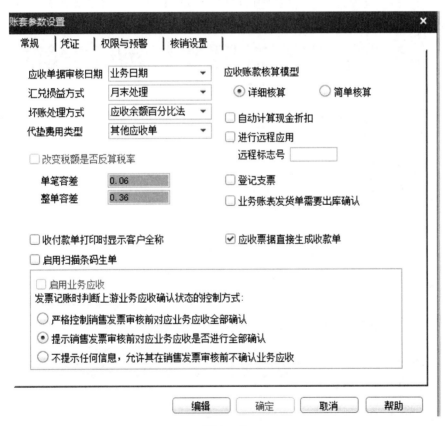

图3-43

(2) 科目设置。进入【U8企业应用平台】—【业务工作】—【财务会计】—【应收款管理】—【设置】—【科目设置】—【应收基本科目】，单击【增行】，按照企业案例中的要求，将科目——对应设置，如图3-44所示。

图 3 - 44

进入【U8 企业应用平台】—【业务工作】—【财务会计】—【应收款管理】—【设置】—【科目设置】—【应收结算科目】，单击【增行】，按照企业案例中的要求，将结算方式与科目一一对应设置，如图 3 - 45 所示。

图 3 - 45

进入【U8 企业应用平台】—【业务工作】—【财务会计】—【应收款管理】—【设置】—【初始设置】，选择"坏账准备设置"，按照案例企业的要求输入提取比率和借贷方科目，如图 3 - 46 所示。

图 3 - 46

（3）期初余额设置。进入【企业应用平台】—【业务工作】—【财务会计】—
【应收款管理】—【期初余额】，双击"期初余额"，查询条件默认确定，进入应收期
初余额录入界面，单击【增加】，弹出单据类别选项框，单据名称选择"应收单"，单
据类型选择"其他应收单"，方向为"正向"，单击【确定】，进入期初应收单录入界
面，如图3-47所示。

图3-47

在期初应收单录入界面，单击【增加】，根据案例中期初发票的信息，逐条输入应
收信息，销售部门均为"家电部"，如图3-48所示。

图3-48

在期初余额界面，单击【增加】，弹出【单据类别】选项框，单据名称选择"销
售发票"，单据类型选择"销售专用发票"，方向为"正向"，单击【确定】，进入期初
应收单录入界面，如图3-49所示。

图3-49

在期初销售专用发票录入界面，单击【增加】，根据案例中期初发票的信息，逐条输入应收信息，销售部门均为"家电部"，如图 3 – 50 所示。

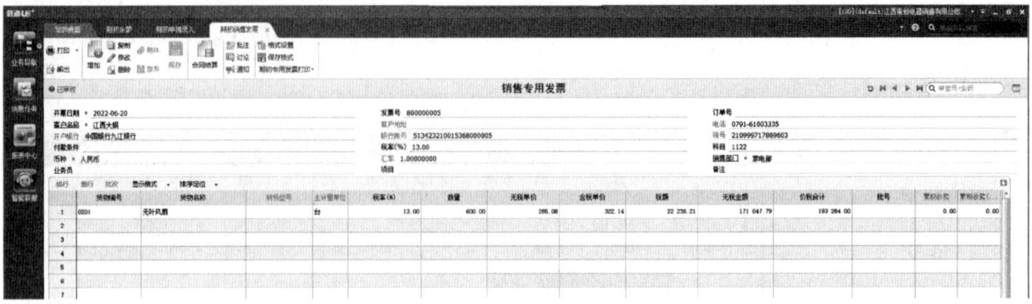

图 3 – 50

其他期初数据依次按照上述步骤操作完成设置。如图 3 – 51 所示。

图 3 – 51

（二）应付账款期初数据维护

1. 实训资料。

（1）应付账款科目设置。基本科目设置：应付科目 – 220201，采购科目 – 1405，应交增值税进项税科目 – 22210102。

结算方式科目设置：现金 – 1001，现金支票 – 100201，转账支票 – 100201，网银转账 – 100201，支付宝 – 101201，银行承兑汇票 – 220101，商业承兑汇票 – 220102。

（2）应付账款期初数据。

2022 年 5 月 2 日，方复物流公司代垫运输费 232 000 元，收到专用发票，发票号为 60000001，尚未付款。

2022 年 5 月 4 日，从龙太连锁超市采购 A4 打印纸 2 000 包，含税总价款为 66 450 元，收到采购专用发票，发票号为 60000002，尚未付款。

2022 年 6 月 1 日，从南新电器制造公司采购 1 130 台小熊迷你加湿器，含税总价款为 100 264. 10 元，采购大容量上加水加湿器 1 000 台，含税总价款为 214 055. 90 元，收到采购专用发票，发票号为 60000003，货已验收入库，但尚未付款。

2022年6月3日，尚未支付大众传媒广告费（含税）249 800元，税率为6%，收到专用发票，发票号为60000004。

2022年12月1日，从南新电器制造公司采购1 000台无叶风扇，货已验收入库，但尚未收到采购专用发票，按照含税单价230元/台进行估价计算。

2. 实训步骤。

（1）应付账款科目设置。进入【U8企业应用平台】—【业务工作】—【财务会计】—【应付款管理】—【设置】—【科目设置】—【应付基本科目】，单击【增行】，按照企业案例中的要求，将科目一一对应设置，如图3-52所示。

图 3-52

进入【U8企业应用平台】—【业务工作】—【财务会计】—【应付款管理】—【设置】—【科目设置】—【应付结算科目】，单击【增行】，按照企业案例中的要求，将结算方式与科目一一对应设置，如图3-53所示。

图 3-53

（2）应付账款期初余额设置。进入【U8 企业应用平台】—【业务工作】—【财务会计】—【应付款管理】—【期初余额】，双击"期初余额"，进入应付期初余额录入界面，单击【增加】，弹出【单据类别】选项框，单据名称选择"应付单"，单据类型选择"其他应付单"，方向为"正向"，单击【确定】，进入期初应付单录入界面，如图 3 –54 所示。

图 3 – 54

在期初应付单录入界面，单击【增加】，根据案例中期初发票的信息，逐条输入应付信息，如图 3 – 55 所示。

图 3 – 55

在期初余额界面，单击【增加】，弹出【单据类别】选项框，单据名称选择"采购发票"，单据类型选择"采购专用发票"，方向为"正向"，单击【确定】，进入期初应收单录入界面，如图 3 –56 所示。

图 3 - 56

在期初采购专用发票录入界面，单击【增加】，根据案例中期初发票的信息，逐条输入应收信息，如图 3 - 57 所示。

图 3 - 57

其他期初数据依次按照上述步骤操作完成设置，如图 3 - 58 所示。

单据类型	单据编号	单据日期	供应商	部门	业务员	币种	科目	方向	原币金额	原币余额	本币金额	本币余额	备注	订单号	业务类型
其他应付单	0000000001	2022-05-02	江西方置物流有限公司			人民币	220201	贷	232 000.00	232 000.00	232 000.00	232 000.00			
其他应付单	0000000002	2022-05-04	江西宏太连锁超市有			人民币	220201	贷	66 450.00	66 450.00	66 450.00	66 450.00			
其他应付单	0000000003	2022-06-01	江西南电器制造有			人民币	220201	贷	314 320.01	314 320.01	314 320.01	314 320.01			
其他应付单	0000000004	2022-06-03	江西大众传媒广告有			人民币	220201	贷	249 800.00	249 800.00	249 800.00	249 800.00			
其他应付单	0000000005	2022-12-01	江西高新电器有限公司			人民币	220201	贷	230 000.00	230 000.00	230 000.00	230 000.00			
采购专用发票	60000001	2022-05-02	江西方置物流有限公司			人民币	220201	贷	232 000.00	232 000.00	232 000.00	232 000.00			
采购专用发票	60000002	2022-05-04	江西宏太连锁超市有			人民币	220201	贷	66 450.00	66 450.00	66 450.00	66 450.00			
采购专用发票	60000003	2022-06-01	江西南电器制造有			人民币	220201	贷	314 320.01	314 320.01	314 320.01	314 320.01			
采购专用发票	60000004	2022-06-03	江西大众传媒广告有			人民币	220201	贷	249 800.00	249 800.00	249 800.00	249 800.00			

图 3 - 58

（三）期初合同数据维护

1. 合同选项及分组设置。

（1）实训资料。

①选项设置：启用合同执行单。

②合同分组设置：01 购销合同、02 劳务合同。

③按表 3 - 22 完成合同类型的设置。

表 3 – 22

类型编码	类型名称	合同性质	收付计划方向
01	销售合同	销售类合同	收
02	委托代销合同	销售类合同	收
03	采购合同	采购类合同	付
04	受托代销合同	采购类合同	付
05	广告合同	应付类合同	付
06	物流合同	应付类合同	付

④合同阶段设置。按表 3 – 23 完成合同阶段设置。

表 3 – 23

合同阶段编码	阶段名称
01	第一阶段
02	第二阶段

⑤合同阶段组设置。按表 3 – 24 完成合同阶段设置。

表 3 – 24

阶段组编码	001	阶段组名称	分批发货
合同阶段编码	阶段名称		
01	第一阶段		
02	第二阶段		

（2）实训步骤。

①启用合同执行单。打开【任务导航】—【供应链】—【合同管理】—【设置】—【选项】，点击【编辑】，在【业务设置】页签，勾选"启用合同执行单"，如图 3 – 59 所示。

②合同分组设置。打开【任务导航】—【供应链】—【合同管理】—【设置】—【合同分组】。点击【增加】按钮，开始录入合同分组内容，如图 3 – 60 所示。

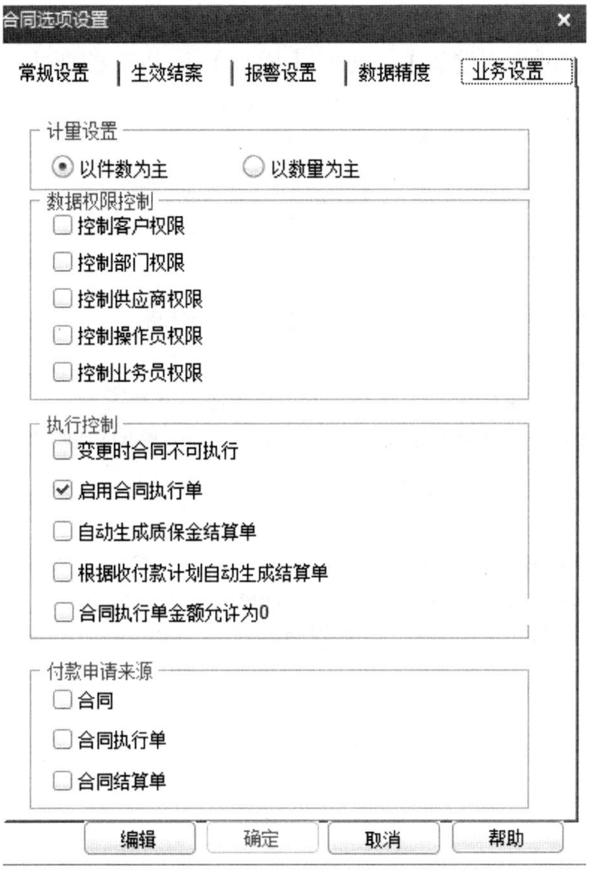

合同选项设置 ✕

常规设置 ｜ 生效结案 ｜ 报警设置 ｜ 数据精度 ｜ 业务设置

计量设置
◉ 以件数为主　　　◯ 以数量为主

数据权限控制
☐ 控制客户权限
☐ 控制部门权限
☐ 控制供应商权限
☐ 控制操作员权限
☐ 控制业务员权限

执行控制
☐ 变更时合同不可执行
☑ 启用合同执行单
☐ 自动生成质保金结算单
☐ 根据收付款计划自动生成结算单
☐ 合同执行单金额允许为0

付款申请来源
☐ 合同
☐ 合同执行单
☐ 合同结算单

编辑　　确定　　取消　　帮助

图 3 – 59

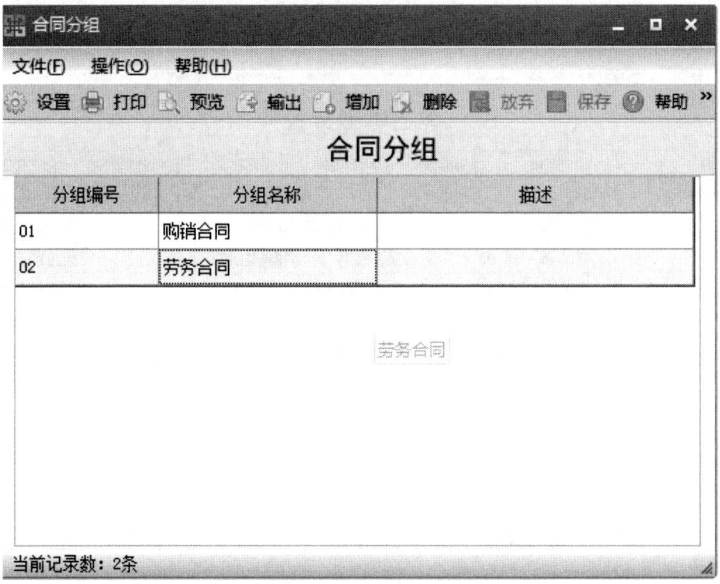

合同分组　　　　　─ □ ✕

文件(F)　操作(O)　帮助(H)

⚙ 设置 🖨 打印 📄 预览 📤 输出 📋 增加 🗑 删除 📄 放弃 💾 保存 ❓ 帮助 »

合同分组

分组编号	分组名称	描述
01	购销合同	
02	劳务合同	

劳务合同

当前记录数：2条

图 3 – 60

③合同类型设置。打开【任务导航】—【供应链】—【合同管理】—【设置】—【合同类型】—【合同类型设置】。点击【增加】按钮，按要求录入，如图 3 - 61、图 3 - 62 所示。

图 3 - 61

图 3 - 62

④合同阶段设置。打开【任务导航】—【供应链】—【合同管理】—【设置】—【合同阶段】。点击【增加】按钮，按要求录入后，点击【保存】按钮，如图3-63所示。

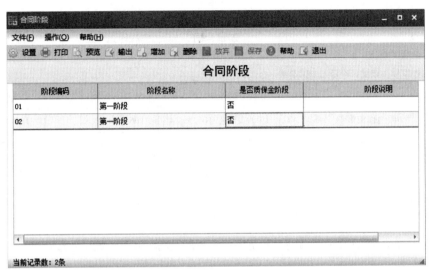

图3-63

⑤合同阶段组设置。打开【任务导航】—【供应链】—【合同管理】—【设置】—【合同阶段组】—【阶段组设置】。点击【增加】按钮。在增加界面，录入编码和名称后，点击【增行】，按要求录入后，点击【保存】按钮，如图3-64所示。

图3-64

2. 期初合同数据维护。

江西南新电器销售有限公司截至 2022 年 12 月合同信息如下。

（1）已签订未执行的销售合同一份，合同内容如下。

购销合同

买方：沃尔玛（中国）   编号：XS00001

货物名称、型号、数量、价格、合同总额

序号	货物名称	单位	数量	单价（不含税）	金额（不含税）	税率	税额
1	小熊迷你加湿器		1 000	106.19	106 194.69		13 805.31
2	智能恒湿加湿器	台	500	159.29	79 646.02	13%	10 353.98
3	大容量上加水加湿器		300	212.39	63 716.81		8 283.19
合　计					249 557.52		32 442.48

合同总金额：人民币贰拾捌万贰仟元整（￥282 000.00）

付款时间：2023 年 2 月 28 日前

发货时间：卖方于 2022 年 1 月 15 日（发货 50%），25 日（发货 50%）两次发出全部商品

（2）已签订未执行的采购合同一份，合同内容如下。

购销合同

卖方：江西南新电器制造有限公司   编号：CG00001

货物名称、型号、数量、价格、合同总额

序号	货物名称	单位	数量	单价（不含税）	金额（不含税）	税率	税额
1	无叶风扇		1 000	194.69	194 690.27		25 309.73
2	落地扇	台	1 000	159.29	159 292.04	13%	20 707.96
3	空气循环扇		1 000	230.09	230 088.50		29 911.50
合　计					584 070.80		75 929.20

合同总金额：人民币陆拾陆万元整（￥660 000.00）

付款时间：2023 年 3 月 10 日前

发货时间：卖方于 2022 年 1 月 16 日（发货 50%），25 日（发货 50%）两次发出全部商品

【操作步骤】

期初销售合同信息录入。进入【U8 企业应用平台】—【业务工作】—【供应链】—【合同管理】—【合同期初】，双击"期初合同"，进入【期初合同列表】，单击【增加】，如图 3-65 所示。

在弹出的【合同设置】对话框，选择"销售合同"，单击【确定】，进入合同信息输入界面，如图 3-66 所示。

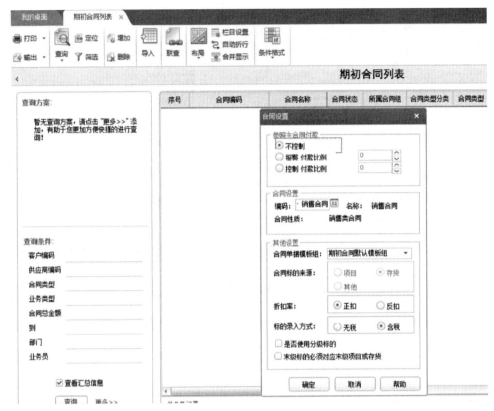

图 3 – 65

图 3 – 66

根据案例内容录入期初合同信息，进行保存，如图 3 – 67 所示。

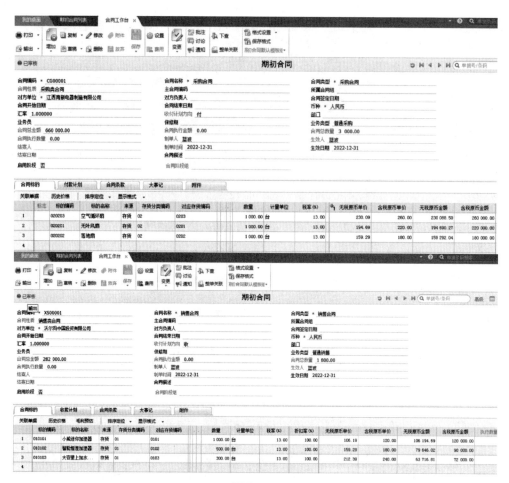

图 3-67

注意：可能出现小数点问题，按案例信息内容修改。

（四）采购模块期初数据维护

1. 实训资料。

（1）选项设置：受托代销业务；代管业务；普通采购业务不必有采购订单。

（2）江西南新电器销售有限公司截至 2023 年 1 月初，有一笔货到票未到采购业务，货物已于 2022 年 12 月 1 日入专卖店仓，并做暂估处理，暂估单价为 230 元/台。采购入库信息如表 3-25 所示。

表 3-25

序号	名称	单位	数量	供应商
1	无叶风扇	台	1 000	江西南新电器制造有限公司

要求：在业财一体信息化平台采购管理模块中准确录入期初采购入库单，并完成采购期初记账。

2. 实训步骤。

（1）选项设置。进入【U8 企业应用平台】—【业务工作】—【供应链】—【采购管理】—【设置】—【选项】，单击【业务及权限控制】页签，勾选"启用受托代销""启用代管业务"，不勾选"普通业务必有订单"，单击【确定】，将设置的参数保存，如图 3-68 所示。

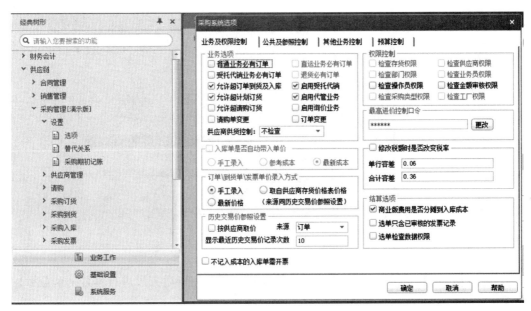

图 3-68

（2）期初采购入库单录入。进入【U8 企业应用平台】—【业务工作】—【供应链】—【采购管理】—【采购入库】，双击"采购入库单"，进入【期初采购入库单】录入界面。单击【增加】，按照案例中采购入库单信息输入，如图 3-69 所示。输入完成，单击【保存】。

图 3-69

（3）采购期初记账。进入【U8 企业应用平台】—【业务工作】—【供应链】—【采购管理】—【设置】，双击"专卖店仓 电风扇采购期初记账"，进入对话框，如图 3 - 70 所示。

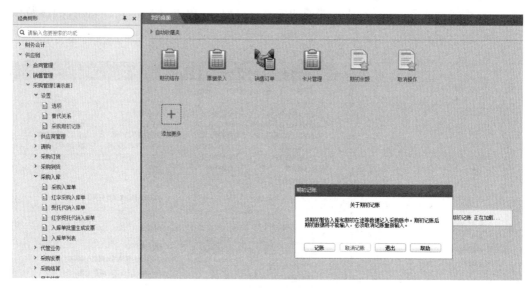

图 3 - 70

单击【记账】，采购期初记账完毕。采购期初记账完毕后方可进行本月采购业务的处理。

（五）库存模块期初数据维护

1. 实训资料。

（1）选项设置。江西南新电器销售有限公司库存管理模块的期初信息设置如下：

有借入借出业务；

仓库库存量过低过高时系统自动预警；

产品出入库时检查库存可用量；

已到货和待检未入库的货物数量纳入库存可用量的计算。

要求：在业财一体信息化平台库存管理模块中完成库存参数初始化设置。

（2）期初库存数据维护。

江西南新电器销售有限公司截至 2023 年 1 月初的商品库存情况如表 3 - 26 所示。

表 3 - 26

仓库	存货分类	存货名称	单位	数量	单价（元）	金额（元）
商品仓	加湿器	小熊迷你加湿器	台	14 000	78.51	1 099 140.00
		智能恒温加湿器	台	9 000	122.06	1 098 540.00
		大容量上加水加湿器	台	9 000	189.43	1 704 870.00

续表

仓库	存货分类	存货名称	单位	数量	单价（元）	金额（元）
商品仓	电风扇	无叶风扇	台	2 500	222.83	557 075.00
	电暖气	暖风机	台	4 500	297.10	1 336 950.00
	空气净化器	智能空气净化器	台	1 500	1 856.90	2 785 350.00
	代管商品	小峰空调	台	1 000	3 342.42	3 342 420.00
专卖店仓	加湿器	小熊迷你加湿器	台	1 000	78.51	78 510.00
		智能恒温加湿器	台	1 000	122.06	122 060.00
		大容量上加水加湿器	台	1 000	189.43	189 430.00
	电风扇	无叶风扇	台	500	222.82	111 410.00
	电暖气	暖风机	台	500	297.12	148 560.00
	空气净化器	智能空气净化器	台	500	1 856.92	928 460.00
代管仓	代管商品	小峰空调	台	1 000	3 342.42	3 342 420.00

2. 实训步骤。

（1）库存选项设置。进入【U8 企业应用平台】—【业务工作】—【供应链】—【库存管理】—【设置】—【选项】，单击【通用设置】页签，勾选"有无借入借出业务"，如图 3 - 71 所示。

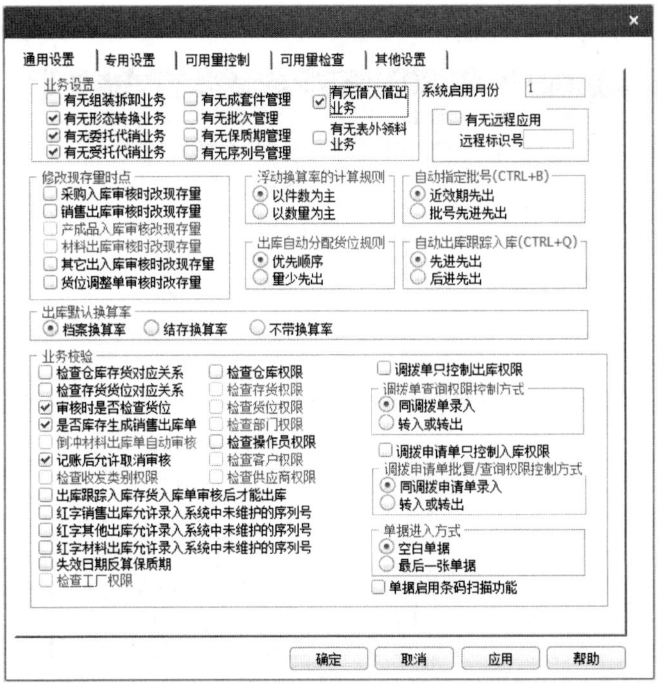

图 3 - 71

单击【专用设置】页签，在预警设置处勾选"按仓库控制最高最低库存量"，如图 3 – 72 所示。

图 3 – 72

单击【可用量检查】页签，勾选"出入库是否检查可用量"，预计入库量处勾选"到货/在检量"，如图 3 – 73 所示。

图 3 – 73

（2）期初库存数据录入。进入【U8 企业应用平台】—【业务工作】—【供应链】—【库存管理】—【设置】，双击"期初结存"，进入库存期初页面，如图 3 – 74 所示。

图 3 – 74

单击【修改】，依次选择仓库，按照案例中的期初数据将信息录入。输入代管仓的信息时，需要输入"供应商名称"为"江西广福电器制造有限公司"，输入完毕，单击【保存】，单击【批审】，如图 3 – 75 所示。

图 3 – 75

（六）存货核算期初数据维护

1. 实训资料。

（1）选项设置。江西南新电器销售有限公司存货核算模块的期初信息进行如下设置。

货到票未到的采购暂估处理：等发票到了，做红字回冲单回冲暂估凭证，并按照发票金额自动生成采购入账记账凭证。

销售成本核算方式：按销售出库单核算。

存货科目设置如表 3 – 27 所示。

表 3 – 27

仓库编码	仓库名称	存货科目编码	存货科目名称	委托代销发出商品科目编码	委托代销发出商品科目名称
01	商品仓	1405	库存商品	1406	发出商品
02	专卖店仓	1405	库存商品	1406	发出商品

存货对方科目设置如表 3 – 28 所示。

表 3 - 28

收发类别	对方科目
采购入库	在途物资
销售出库	主营业务成本
盘亏出库	待处理财产损溢

要求：在业财一体信息化平台存货核算模块中完成存货参数、存货科目、对方科目配置。

（2）存货期初数据。江西南新电器销售有限公司截至 2023 年 1 月初的库存商品情况如表 3 - 29 所示。

表 3 - 29

仓库	存货分类	存货名称	单位	数量	单价（元）	金额（元）
商品仓	加湿器	小熊迷你加湿器	台	14 000	78.51	1 099 140.00
		智能恒温加湿器	台	9 000	122.06	1 098 540.00
		大容量上加水加湿器	台	9 000	189.43	1 704 870.00
	电风扇	无叶风扇	台	2 500	222.83	557 075.00
	电暖气	暖风机	台	4 500	297.10	1 336 950.00
	空气净化器	智能空气净化器	台	1 500	1 856.90	2 785 350.00
	代管商品	小峰空调	台	1 000	3 342.42	3 342 420.00
专卖店仓	加湿器	小熊迷你加湿器	台	1 000	78.51	78 510.00
		智能恒温加湿器	台	1 000	122.06	122 060.00
		大容量上加水加湿器	台	1 000	189.43	189 430.00
	电风扇	无叶风扇	台	500	222.82	111 410.00
	电暖气	暖风机	台	500	297.12	148 560.00
	空气净化器	智能空气净化器	台	500	1 856.92	928 460.00
合计						13 502 775.00

2. 实训步骤。

（1）存货参数设置。进入【U8 企业应用平台】—【业务工作】—【供应链】—【存货核算】—【设置】—【选项】，单击"核算方式"页签，暂估方式勾选"单到回冲"，销售成本核算方式勾选"按销售出库单核算"，单击【确定】，保存设置的参数，如图 3 - 76 所示。

（2）存货科目设置。进入【U8 企业应用平台】—【业务工作】—【供应链】—【存货核算】—【设置】—【存货科目】，单击【增行】，按照案例要求设置存货科目，单击【保存】，将设置的信息保存，如图 3 - 77 所示。

图 3 - 76

图 3 - 77

（3）对方科目设置。进入【U8 企业应用平台】—【业务工作】—【供应链】—【存货核算】—【设置】—【对方科目】，单击【增行】，按照案例要求设置收发类别对应的对方科目，单击【保存】，将设置的信息保存，如图 3 - 78 所示。

图 3 - 78

（4）库存期初数据。进入【U8 企业应用平台】—【业务工作】—【供应链】—【存货核算】—【设置】，双击"期初余额"，进入存货期初输入界面，如图 3 – 79 所示。

图 3 – 79

选择仓库为"商品仓"，单击【取数】，将库存管理中商品仓的数据引入，如图 3 – 80 所示。

图 3 – 80

选择仓库为"专卖店仓"，单击【取数】，将库存管理中专卖店仓的数据引入，如图 3 – 81 所示。

图 3 – 81

选择仓库为"代管仓"，单击【取数】，将库存管理中代管仓的数据引入，如图 3 – 82 所示。

图 3 - 82

单击【记账】，存货期初数据确认完毕。

思 政 小 结

1. 通过用户权限分配及机构人员设置，让学生了解企业人员分工合作及明确责任的重要性，培养学生团队合作与沟通协作的职业精神。

2. 通过会计科目的设置，强调同学们在今后的工作中，要以准则作为自己的行动指南，坚持准则，维护国家利益、社会公众利益和正常的经济秩序。

第四章　总账及报表管理

【学习目标】

1. 了解总账管理子系统与其他子系统的关系；
2. 了解总账管理子系统的主要功能和操作流程；
3. 能够进行填制凭证、审核凭证、凭证记账等日常业务操作；
4. 认知报表管理子系统的主要功能；
5. 学会调用报表模板快速生成报表的操作方法。

第一节　总账及报表管理认知基础

一、总账管理

总账管理子系统是财务软件的核心子系统，适合各种行业进行账务处理及管理工作，因此也被称为账务处理子系统。它通过开放的数据接口、标准化的业务流程与其他子系统有机结合成一体，实现财务业务一体化。总账管理子系统根据企业会计准则和该企业的考核管理要求，完成企业经济活动的凭证输入或接收其他子系统传递的凭证，并通过记账功能完成账簿的登记过程，进而为企业提供账簿查询功能，为报表编制提供数据支持，为信息使用者提供决策分析信息。

总账管理子系统的主要功能包括初始设置、凭证管理、出纳管理、账表管理、辅助核算管理和期末处理。借助这些丰富的功能，会计处理变得更为简单、有效，增强了会计工作的规范性、效率性。总账流程框架如图4-1所示。

图4-1

（一）初始设置

总账管理子系统的初始设置主要包括与总账管理子系统有关的系统级初始设置和模块级初始设置。其中，系统级初始设置包括会计科目设置、凭证类别设置、项目目录设置和外币设置等财务基础信息设置，这些设置与总账业务处理密切相关；模块级初始设置包括总账控制参数设置和期初数据录入。

（二）凭证管理

凭证是反映经济活动的载体，是总账管理子系统的唯一数据来源，做好凭证管理工作是为后续会计工作提供及时、准确数据的前提。凭证管理主要包括填制凭证、修改凭证、审核凭证、凭证记账、查询打印凭证和其他辅助功能。总账控制参数中的制单控制、凭证控制、权限控制等选项，对记账凭证进行严格的检查和控制，以保证凭证的正确性，加强对经济业务的管理和控制。

（三）出纳管理

资金收支核算的正确性直接影响企业资金的安全性以及分配的合理性，为此软件通过出纳管理功能为出纳人员提供了一个集成的办公环境。出纳管理用于完成现金日记账和银行存款日记账的查询与输出、资金日报的查询和输出、支票登记簿管理以及银行对账等工作，并可为企业长期未达账提供审计。

（四）账表管理

总账管理子系统提供了强大的账表查询功能，不仅可以查询打印总账、明细账、余额表、多栏账、序时账等基本账表，还可以查询客户往来、供应商往来、项目核算、部门核算、个人往来等辅助账。同时，在查询到的账表中，还可以联查相关明细账、记账凭证。

（五）辅助核算管理

为了优化会计科目体系，精细化会计核算和管理，总账管理子系统提供了辅助核算管理功能。辅助核算主要包括客户往来核算、供应商往来核算、部门核算、个人核算和项目核算。用户在会计科目设置中为某一科目设置一种或多种辅助核算后，填制凭证时系统提示输入辅助核算信息，经过记账后系统自动登记辅助账，从而使辅助核算信息的查询更为快捷、详细。

（六）期末处理

总账管理子系统的期末处理主要包括自动转账、对账和结账工作。其中自动转账功能针对期末经常发生的经济业务，通过设置转账定义可以快速生成转账凭证，能大大提高会计人员的期末工作效率。

二、报表管理

UFO 报表管理子系统是处理报表事务的工具，可以用来编制对内、对外各种报表，其主要任务是依据会计准则或制度、财务会计报告条例等法规和制度，编制并对外提供真实、完整的会计报表；同时根据经营管理的需要，编制并对内提供灵活多样的管理报表，依据报表数据，分析经济活动与财务收支情况。会计报表按报表反映的内容、性质可分为财务状况报表、经营成果报表和成本费用报表；按服务对象可分为外部报表和内部报表。

报表管理子系统通过设计报表格式，利用报表公式自动从总账管理子系统或者其他子系统取得有关会计信息，从而生成报表数据，并对报表进行审核、汇总和生成各种分析图，最后按照预定格式输出各种会计报表。

用友 UFO 报表管理子系统提供的主要功能包括文件管理功能、格式管理功能、数据处理功能、图表处理功能、各行业报表模板功能和二次开发功能。

（一）文件管理功能

文件管理功能可以完成对报表文件的创建、读取、保存和备份；能够进行不同文件格式的转换，支持多个窗口同时显示和处理；提供了标准财务数据的【导入】和【导出】功能，可以和其他财务软件交换数据。

（二）格式管理功能

格式管理功能是指系统提供了丰富的报表格式设计功能，如设置表尺寸、定义组合单元、画表格线、调整行高列宽、定义单元属性、设置显示比例等功能，可以制作满足各种要求的报表。

（三）数据处理功能

数据处理功能是按照设定好的报表格式生成报表数据，并通过关键字在报表文件的每一张表页之间建立关联关系，把大量数据有机地组织起来，并以数据库的方式对各种复杂的报表进行数据处理，如进行数据排序、审核、舍位平衡、汇总等。

（四）图表处理功能

图表处理功能是指将二维表形式的数据以图表的方式进行直观表示。通过采用图文排版，可以方便地进行图形数据组织，制作直方图、立体图、圆饼图、折线图等多种分析图表，并能编辑图表的位置、大小、标题、字体、颜色等，打印输出图表。

（五）各行业报表模板功能

UFO 提供了 33 个行业的 200 多张标准财务报表模板（包括现金流量表模板），用户可以根据所在行业挑选相应的报表模板以套用其格式及计算公式，轻松生成复杂报表。此外，用户也可以根据本单位的实际需要，自定义报表模板。

（六）二次开发功能

二次开发功能为用户发挥主观能动性提供了平台，丰富了用户的个体需求。该功能提供批命令和自定义菜单，可自动记录命令窗中输入的多个命令，将有规律性的操作编制成批命令文件。系统提供了 Windows 风格的自定义菜单，综合利用批命令，可以短时间内开发出企业的报表专用系统。

第二节　总账及报表管理实训操作

一、总账参数设置

(一) 参数信息设置要求

1. 凭证制单控制：制单不序时控制。即当月做凭证不受时间控制。

2. 资金及往来科目：要进行赤字控制，且设置严格赤字控制方式。在金额出现赤字时，凭证就无法保存。

3. 可以使用应收及应付受控科目。例如在录入收付款单时，会自动带出应收应付科目，在应收应付系统可直接生成凭证。

4. 凭证编号方式：采用系统编号。

(二) 实训步骤

总账参数设置操作步骤如下。

进入【U8 企业应用平台】—【财务会计】—【总账】—【选项】，进入总账参数设置页面。单击【编辑】，按案例要求设置相关选项：去掉"制单序时控制"，赤字控制方式选择"严格"，勾选"可以使用应收受控科目"和"可以使用应付受控科目"，凭证编号方式选择"系统编号"，其他选项默认。单击【确定】，将设置的参数保存，如图 4 - 2 所示。

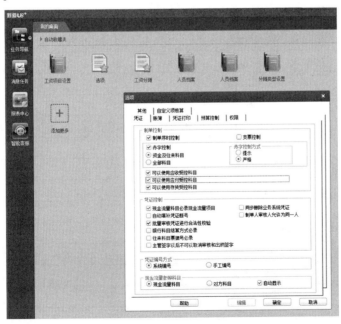

图 4 - 2

二、期初余额

(一) 实训资料

在业财一体信息化平台总账模块中准确录入总账期初数据，相关内容如表4 –1 ～ 表4 –6 所示。

表4 –1　　　　　　　　　　　2023 年1 月初科目余额表　　　　　　　　　单位：元

科目编码	科目名称	期初余额	
		借方	贷方
1001	库存现金	100 000	
1002	银行存款	6 540 600	
100201	工行存款	6 540 600	
1122	应收账款	863 044	
1221	其他应收款	10 000	
122102	个人	10 000	
1405	库存商品	13 502 775	
		46 000	
1601	固定资产	3 248 435.67	
1602	累计折旧		575 975.59
1701	无形资产	1 420 000	
1702	累计摊销		615 333.33
2202	应付账款		1 092 570
220201	应付货款		862 570
220202	暂估应付款		230 000
2211	应付职工薪酬		941 104.5
221101	工资		774 941.3
221103	社会保险费		121 655.2
221104	住房公积金		44 508
2221	应交税费		360 121.63
222102	未交增值税		313 308.84
222104	应交城市维护建设税		21 931.62
222105	应交教育费附加		9 399.27
222106	应交地方教育附加		6 266.17
222110	应交个人所得税		9 215.73
2241	其他应付款		10 000
224102	个人		10 000

续表

科目编码	科目名称	期初余额	
		借方	贷方
2501	长期借款		2 000 000
4001	实收资本		10 000 000
4103	本年利润		3 786 000.16
4104	利润分配		6 303 749.46
410401	未分配利润		6 303 749.46
合计		24 493 545.75	24 493 545.75

表 4 - 2 　　　　　　　　　　　**应收账款期初余额表**　　　　　　　　单位：元

业务日期	客户	币种	期初余额
2022/6/1	易初莲花连锁超市有限公司	人民币	265 444.00
2022/5/5	沃尔玛中国投资有限公司	人民币	159 570.00
2022/4/30	南昌美宜昌超市	人民币	134 384.00
2022/6/2	无锡当当网信息技术有限公司	人民币	110 362.00
2022/6/20	江西大银电子商务有限公司	人民币	193 284.00
合计			863 044.00

表 4 - 3 　　　　　　　　　　　**应付账款期初余额表**　　　　　　　　单位：元

科目编码	科目名称	供应商名称	方向	业务日期	期末余额
220201	应付账款—应付货款	江西南新电器制造有限公司	贷	2022/6/1	314 320.00
220201	应付账款—应付货款	江西方复物流有限公司	贷	2022/5/2	232 000.00
220201	应付账款—应付货款	江西大众传媒广告有限公司	贷	2022/6/3	249 800.00
220201	应付账款—应付货款	江西龙太连锁超市有限公司	贷	2022/5/4	66 450.00
小计					826 570.00
220202	应付账款—应付暂估款	江西南新电器制造有限公司	贷	2022/12/1	230 000.00
小计			贷		230 000.00
合计			贷		1 092 570.00

表 4 - 4 　　　　　　　　　　　**其他应收款——个人期初明细表**　　　　　　　　单位：元

日期	部门	个人	摘要	金额
2022/12/5	总经办	王玉涛	出差借款	10 000.00

表 4 - 5 　　　　　　　　　　　**其他应付款——个人期初明细表**　　　　　　　　单位：元

日期	部门	个人	摘要	金额
2022/12/10	产品策划部	何芳艳	报销市场宣传手册印刷费	10 000.00

表 4-6 库存商品期初明细表

存货分类	存货名称	单位	数量	单价（元）	金额（元）
加湿器	小熊迷你加湿器	台	15 000	78.51	1 177 650.00
	智能恒湿加湿器	台	10 000	122.06	1 220 600.00
	大容量上水加湿器	台	10 000	189.43	1 894 300.00
电风扇	无叶风扇	台	3 000	222.83	668 485.00
电暖气	暖风机	台	5 000	297.10	1 485 510.00
空气净化器	智能空气净化器	台	2 000	1 856.90	3 713 810.00
代管商品	小峰空调	台	1 000	3 342.42	3 342 420.00
合计			46 000		13 502 775.00

（二）实训步骤

总账期初数据录入操作步骤如下。

（1）科目余额表数据录入。进入【U8 企业应用平台】—【业务工作】—【财务会计】—【总账】—【期初】—【期初余额录入】，按照案例中的数据输入不带辅助核算的科目的期初余额，如图 4-3 所示。

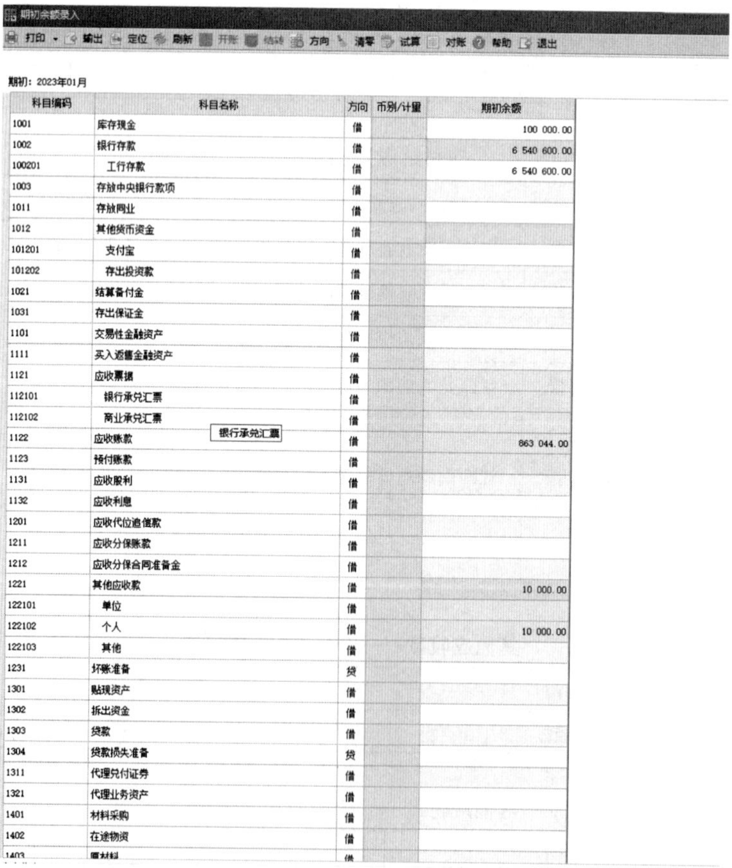

图 4-3

（2）应收、应付类科目带有辅助科目的期初数据录入。"应收账款"科目的期初余额不能直接输入，需双击进入，单击【往来明细】，在【期初往来明细】界面单击【增行】，将案例企业中的数据输入，如图 4-4 所示。

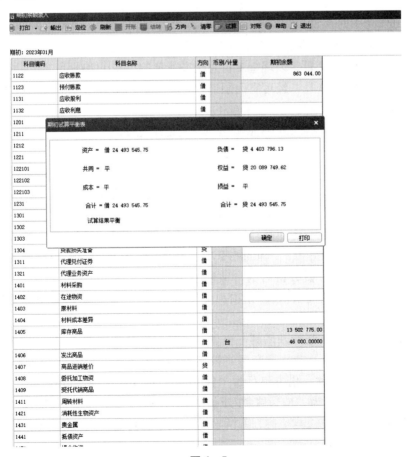

日期	凭证号	客户	业务员	摘要	方向	本币金额	票号	票据日期	年度
2022-06-01		易莲花连锁超…	-	往来期初引入	借	265,444.00			2023
2022-05-05		沃尔玛中国投资…	-	往来期初引入	借	159,570.00			2023
2022-04-30		南昌美宜昌超市	-	往来期初引入	借	134,384.00			2023
2022-06-02		无锡当当网信息…	-	往来期初引入	借	110,362.00			2023
2022-06-20		江西大银	-	往来期初引入	借	193,284.00			2023

图 4-4

输入完毕，单击【汇总到辅助明细】。

（3）录入所有余额后，单击【试算】按钮，可查看期初试算平衡表，查看余额是否平衡，如图 4-5 所示。也可单击【对账】按钮，检查总账、明细账、辅助账的期初余额是否一致。

图 4-5

三、填制凭证

（一）实训资料

江西南新电器销售有限公司发生的经济业务如下：

（1）2023 年 1 月 1 日，业务员王光富向公司客户江西瑞诚电器销售有限公司销售小熊迷你加湿器 1 000 台，含税单价 120 元/台。货物和发票已经发运至客户，尚未收到款项。

（2）2023 年 1 月 1 日，从江西南新电器制造有限公司采购的智能恒湿加湿器 1 000 台到货入库，发票同时到达，采购含税价 138 元/台，尚未支付货款。

（3）2023 年 1 月 1 日，营运管理部陆依报销招待公司客户餐费 330 元。已支付报销款现金 330 元。

（4）2023 年 1 月 2 日，营运管理部购买 600 元的办公用品，以现金支付，附单据一张。

（5）2023 年 1 月 3 日，财务部周晓晴开出现金支票（票号：72345601）一张，从工商银行提现金 3 000 元，作为备用金。

（6）2023 年 1 月 5 日，公司收到江西星空电器销售有限公司投资资金 65 000 元，收到工商银行转账支票（票号：92345601）一张。

（7）2023 年 1 月 14 日，以现金支付总经办业务招待费 1 200 元。

（8）2023 年 1 月 30 日，经理室欧阳通过公益机构向山区惠民学校捐赠 20 000 元，开出工商银行转账支票（票号：82345603）一张。

要求：在业财一体信息化平台总账模块填制记账凭证。

（二）实训步骤

（1）以财务会计人员王芳的账号进入【U8 企业应用平台】—【业务工作】—【财务会计】—【总账】—【凭证】—【填制凭证】，进入凭证填制页面。单击【增加】，选择制单日期为"2023 年 01 月 01 日"，输入附单据数"1"，输入摘要"销售商品"，借方科目为"应收账款"，辅助核算项选择客户"江西瑞诚电器销售有限公司"，借方金额为"120 000"。贷方科目为"主营业务收入"，贷方金为"106 194.69"，贷方科目为"应交税费/应交增值税/销项税额"。按"＝"键，系统自动填上第三行贷方金额。单击【保存】，凭证保存成功，如图 4－6 所示。

（2）单击【增加】，继续新增第二张凭证，输入摘要"采购商品入库"，借方科目为"库存商品"，辅助核算项选择商品"智能恒湿加湿器"，数量为"1 000"，单价为"122.12"，金额自动计算。借方科目为"应交税费/应交增值税/进项税额"，借方金额为"15 880"。贷方科目为"应付账款/应付货款"，辅助核算项选择供应商"江西南新电器制造有限公司"。按"＝"键，系统自动填上第三行贷方金额。单击【保存】，保存凭证，如图 4－7 所示。

图 4 - 6

图 4 - 7

（3）单击【增加】，继续增加第三张凭证。输入摘要"报销招待费"，借方科目为"销售费用/业务招待费"，辅助核算项选择部门"营运管理部"，输入金额"330"。贷方科目为"库存现金"，按"="键，系统自动填上贷方金额，单击【保存】，提示输入现金流量项目，选择"07 支付的其他与经营活动有关的现金"。单击【保存】，保存凭证，如图 4-8 所示。

图 4 - 8

（4）单击【增加】，继续增加第四张凭证。输入摘要"购买办公用品"，借方科目为"销售费用"，辅助核算项选择部门"营运管理部"，输入金额"600"。贷方科目为"库存现金"，按"="键，系统自动填上贷方金额，单击【保存】，提示输入现金流量项目，选择"07 支付的其他与经营活动有关的现金"。单击【保存】，保存凭证，如图 4 - 9 所示。

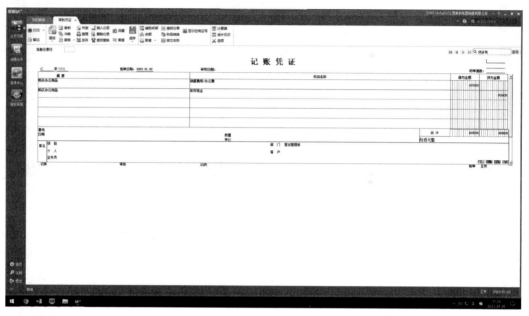

图 4 - 9

（5）单击【增加】，继续增加第五张凭证。输入摘要"提取备用金"，借方科目为"库存现金"，输入金额"3 000"。贷方科目为"银行存款/工行存款"，按"＝"键，系统自动填上贷方金额，单击【保存】，保存凭证，如图 4 - 10 所示。

图 4 - 10

（6）单击【增加】，继续增加第六张凭证。输入摘要"收到江西星空电器销售有限公司投资款"，借方科目为"银行存款/工商银行"，输入金额"600"，辅助核算项填写结算方式、票据号及日期。贷方科目为"实收资本"，按"＝"键，系统自动填上贷方金额，单击【保存】，提示输入现金流量项目，选择"17 吸收投资所收到的现金"。单击【保存】，保存凭证，如图 4-11 所示。

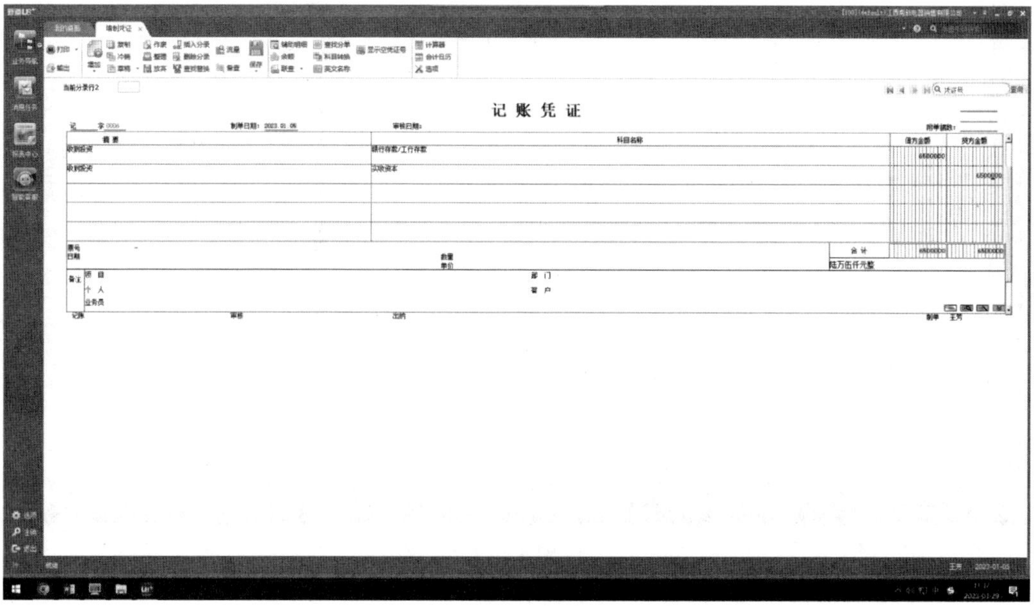

图 4-11

（7）单击【增加】，继续增加第七张凭证。输入摘要"报销业务招待费"，借方科目为"管理费用/业务招待费"，输入金额"1 200"。贷方科目为"库存现金"，按"＝"键，系统自动填上贷方金额，单击【保存】，提示输入现金流量项目，选择"07 支付的其他与经营活动有关的现金"。单击【保存】，保存凭证，如图 4-12 所示。

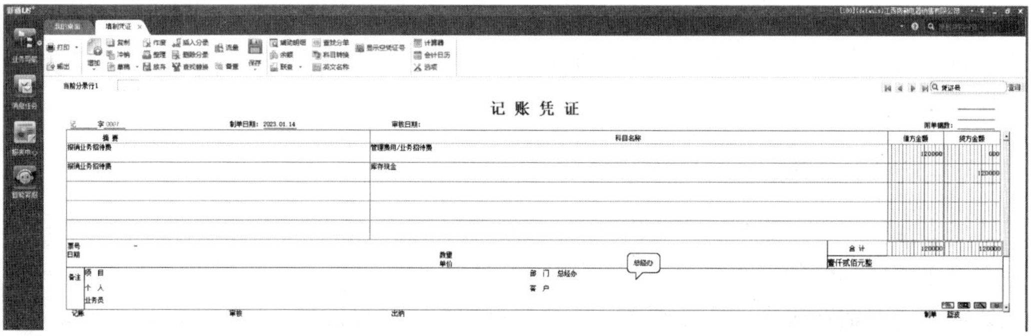

图 4-12

（8）单击【增加】，继续增加第八张凭证。输入摘要"向山区捐赠"，借方科目为"营业外支出"，输入金额"20 000"，辅助核算项填写结算方式、票据号及日期。贷方科目为"银行存款/工商银行",按" = "键,系统自动填上贷方金额,单击【保存】,提示输入现金流量项目,选择"07 支付的其他与经营活动有关的现金"。单击【保存】,保存凭证,如图 4 - 13 所示。

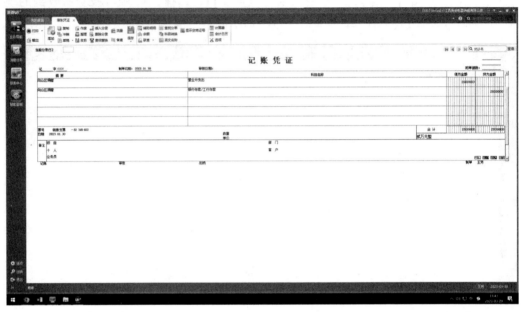

图 4 - 13

四、凭证审核

（一）实训资料

江西南新电器销售有限公司的财务经理审核会计录入的记账凭证。

审核重点是:摘要描述的准确性,所选会计科目的正确性,分录中数量、单价、金额的准确性,辅助核算中项目选择的正确性,资金科目现金流量项目的合理性等。在业财一体信息化平台总账模块中依据权限分工对记账凭证进行审核,能对问题凭证进行标错和驳回。

（二）实训步骤

凭证审核。为确保登记到账簿的每一笔经济业务的准确性和可靠性,制单员填制的每一张凭证都必须经过审核员的审核。会计制度规定,审核与制单不能为同一人。凭证审核需先重新注册更换操作员,由具有审核权限的操作员来进行。操作步骤如下。

（1）进入【U8 企业应用平台】—【业务工作】—【财务会计】—【总账】—【凭证】—【审核凭证】,进入"审核凭证"功能,显示审核凭证条件窗口,如图 4 - 14 所示。

图 4 – 14

（2）输入审核凭证的条件（默认即可），单击【确定】，屏幕显示凭证审核列表，如图 4 – 15 所示。

图 4 – 15

（3）双击要审核的凭证，屏幕显示此张凭证，逐项审核摘要描述的准确性，所选会计科目的正确性，分录中数量、单价、金额的准确性，辅助核算中项目选择的正确性，资金科目现金流量项目的合理性等。审核无误，单击【审核】，凭证审核通过，自动跳转到下一张凭证审核界面，如图 4 – 16 所示。

图 4 – 16

五、凭证作废、红冲、整理等

(一) 实训资料

江西南新电器销售有限公司的财务会计对未记账的错误凭证进行作废、删除处理，对已记账的错误凭证进行红冲处理。

(二) 实训步骤

1. 凭证作废操作步骤。

(1) 进入【U8 企业应用平台】—【业务工作】—【财务会计】—【总账】—【凭证】—【填制凭证】，进入【填制凭证】界面。通过单击右上角"翻页"，查找要作废的凭证，或单击【查询】按钮输入条件查找要作废的凭证。查询到凭证后，单击【作废】按钮，凭证左上角显示"作废"字样，表示已将该凭证作废，如图 4 - 17 所示。

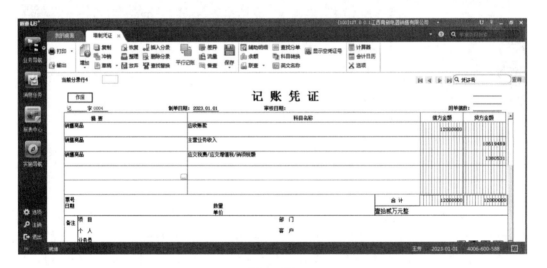

图 4 - 17

(2) 若当前凭证已作废，单击【恢复】按钮，可取消作废标志，并将当前凭证恢复为有效凭证，如图 4 - 18 所示。

2. 凭证删除。若按要求不再保留已作废凭证，可以对其进行删除。操作步骤如下。

(1) 进入【U8 企业应用平台】—【业务工作】—【财务会计】—【总账】—【凭证】—【填制凭证】，单击【整理】按钮。弹出【凭证期间选择】对话框，如图 4 - 19 所示。

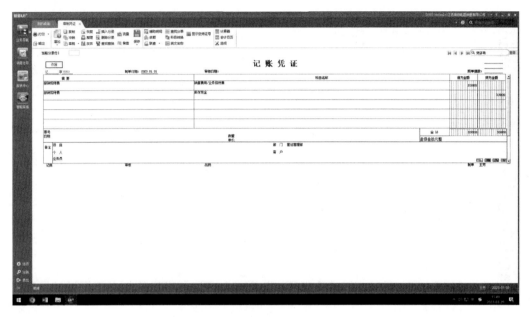

图 4 – 18

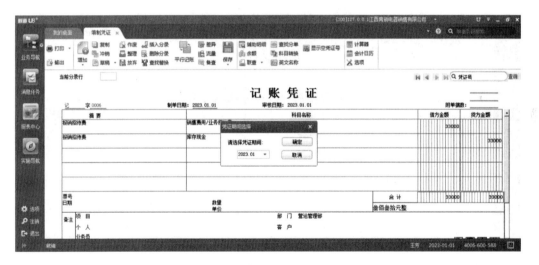

图 4 – 19

（2）选择要整理的月份，单击【确定】按钮，弹出【作废凭证表】对话框，如图 4 – 20 所示。

（3）双击要删除的已作废凭证或者单击【全选】按钮选中所有作废凭证，然后单击【确定】按钮将这些凭证从数据库中删除掉，并对剩余凭证重新排号，如图 4 – 21 所示。选择重排凭证号的方式，单击"是"，则凭证号按所选的方式重新排序。

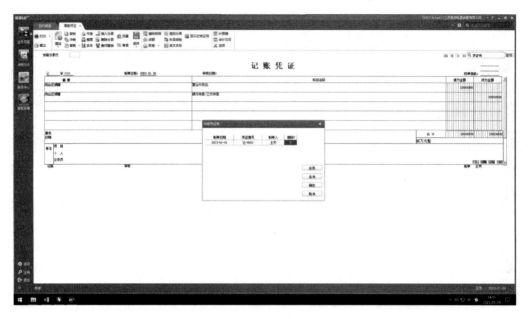

图 4-20

图 4-21

3. 凭证红冲。当某张凭证已经审核、记账完毕，在检查时发现其有误，不能进行修改或作废处理，只能通过凭证红冲，生成一张红字冲销凭证，将错误的数据冲销。再填制一张正确的蓝字凭证。操作步骤为：进入【U8 企业应用平台】—【业务工作】—【财务会计】—【总账】—【凭证】—【填制凭证】，进入填制凭证界面。单击【冲销】按钮，弹出冲销凭证选择页面，输入要冲销的凭证号，单击【确定】，系统将对记字 0002 号凭证自动生成一张红字冲销凭证。单击【保存】按钮，保存该红字凭证。

六、凭证记账

（一）实训资料

江西南新电器销售有限公司的财务会计对审核无误的凭证进行记账处理，系统自动将凭证数据登记到总账和明细账、日记账、部门账、往来账、项目账以及备查账等。

（二）实训步骤

1. 凭证记账操作步骤。

（1）进入【U8 企业应用平台】—【业务工作】—【财务会计】—【总账】—【凭证】—【记账】，进入记账向导，如图4-22所示。

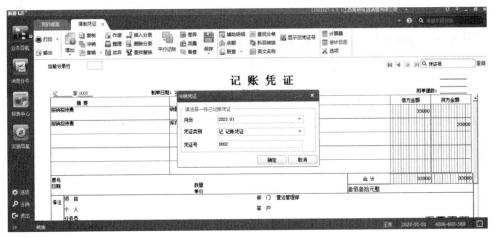

图 4-22

（2）屏幕上列出大于结账月的第一个会计期间的未记账凭证范围清单，在记账范围栏中输入凭证编号或单击【全选】按钮选择本次记账范围，如图4-23所示。

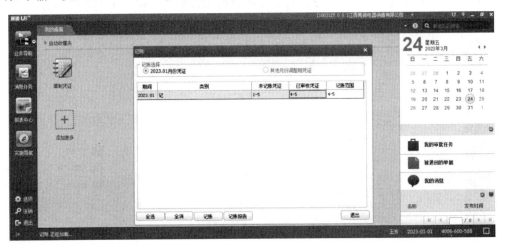

图 4-23

（3）可以查看本次记账的记账报告，单击【记账报告】屏幕显示所选凭证的汇总表及凭证总数，以供核对，如图 4 – 24 所示。

图 4 – 24

（4）核对后单击【记账】按钮，系统自动登录有关的总账和明细账。

2. 凭证反记账。记账之后的凭证若发现错误，按照会计准则不能反记账，需要用红字冲销法或补充登记法进行修正。

七、账表查询——余额表、明细账等

1. 总账查询。总账查询不但可以查询各总账科目的年初余额、各月发生额合计和月末余额，而且还可以查询所有级次明细科目的年初余额、各月发生额合计和月末余额。操作步骤如下。

（1）进入【U8 企业应用平台】—【业务工作】—【财务会计】—【总账】—【账表】—【科目账】—【总账】，显示总账查询条件窗口，如图 4 – 25 所示。

图 4 – 25

（2）输入要查询的起止科目范围、科目级次、是否【包含未记账凭证】，单击【确定】按钮进入总账查询窗口，如图 4 – 26 所示。

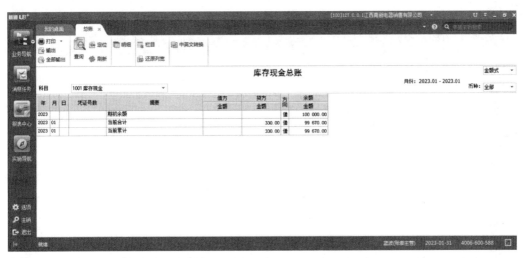

图 4 – 26

（3）查询过程中，可以单击科目下拉列表框，选择相应科目进行总账的查询。

2. 明细账查询。系统提供了三种明细账的查询格式：普通明细账、按科目排序明细账、月份综合明细账。普通明细账是按科目查询，按发生日期排序的明细账；按科目排序明细账是按非末级科目查询，按其有发生的末级科目排序的明细账；月份综合明细账是按非末级科目查询，包含非末级科目总账数据及末级科目明细数据的综合明细账。操作步骤如下。

（1）进入【U8 企业应用平台】—【业务工作】—【财务会计】—【总账】—【账表】—【科目账】—【明细账】，显示明细账查询条件窗口，如图 4 – 27 所示。

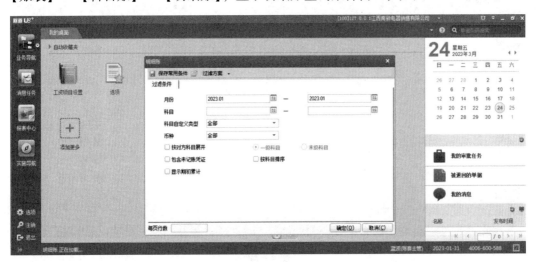

图 4 – 27

（2）输入要查询的科目起止范围、月份范围、是否"包含未记账凭证"、是否"显示期初累计"。选择不同的排序方式，明细账以不同的排序形式显示输出，如图 4 – 28 所示。

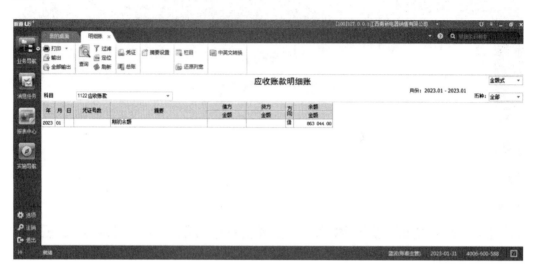

图 4 – 28

（3）若同时查看某月份末级科目的明细账及其上级科目的总账数据，则可选择"月份综合明细账"。

3. 日记账查询。总账模块账簿菜单中日记账的查询主要是查询除现金日记账和银行存款日记账之外的日记账，例如设置了对"库存商品"记日记账，则在此可以查询库存商品的日记账。现金日记账和银行存款日记账在【出纳】模块进行查询，如图 4 – 29、图 4 – 30 所示。

图 4 – 29

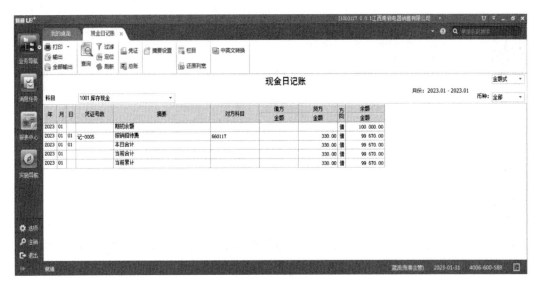

图 4－30

4. 客户往来账查询。本功能可以查看余额表、明细账、打印催款单，进行两清工作，分析客户账龄等。操作步骤如下。

（1）余额查询，用于查询客户往来科目下各个客户的期初余额、本期借方发生额、本期借方发生额合计、本期贷方发生额合计、期末余额。进入【U8 企业应用平台】—【业务工作】—【财务会计】—【总账】—【账表】—【客户往来辅助账】—【客户科目余额表】，输入查询条件查询客户科目余额，如图 4－31、图 4－32所示。

图 4－31

图 4 – 32

根据需求还可以查询客户余额表、客户三栏式余额表、客户业务员余额表、客户地区分类余额表、客户部门余额表、客户项目余额表，按不同维度反映客户余额情况。

（2）明细账查询，用于查询客户往来科目下各个客户的往来明细账。进入【U8 企业应用平台】—【业务工作】—【财务会计】—【总账】—【账表】—【客户往来辅助账】—【客户科目明细账】，输入查询条件查询指定科目下各往来客户的明细账情况，如图 4 – 33、图 4 – 34 所示。

5. 供应商往来账查询。操作步骤同客户往来账查询，如图 4 – 35、图 4 – 36 所示。

图 4 – 33

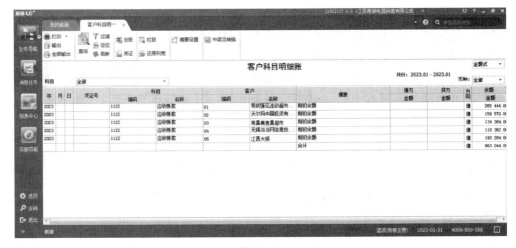

图 4－34

图 4－35

图 4－36

6. 部门辅助账查询。部门辅助账管理主要功能是部门辅助总账、明细账的查询和打印以及如何设置部门收支分析表。操作步骤如下。

（1）部门总账，主要用于查询部门业务发生的汇总情况，帮助部门管理层审核监督各项收入和费用的发生情况。进入【U8 企业应用平台】—【业务工作】—【财务会计】—【总账】—【账表】—【部门辅助账】—【部门科目总账】，弹出查询条件窗口，如图 4 – 37 所示。

图 4 – 37

选择要查询的科目、部门和月份范围，即可得到指定科目按不同部门归集费用或支出的部门科目总账列表，如图 4 – 38 所示。

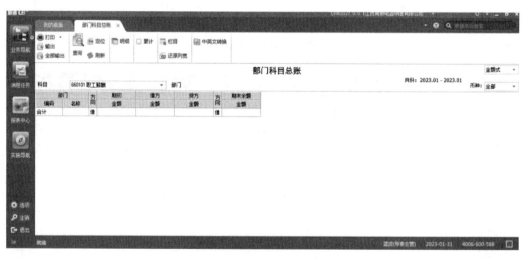

图 4 – 38

选择总账列表中要查询明细的单笔业务，单击【明细】按钮，可联查该科目的明细账。

（2）部门收支分析，可对所有部门核算科目的发生额及余额按部门进行分析，加强对各部门收支情况的管理。进入【U8 企业应用平台】—【业务工作】—【财务会计】—【总账】—【账表】—【部门辅助账】—【部门收支分析】，显示部门收支分析查询条件向导，选择需要进行收支分析的部门核算科目；选择【包含未记账凭证】，如图 4 – 39 所示。

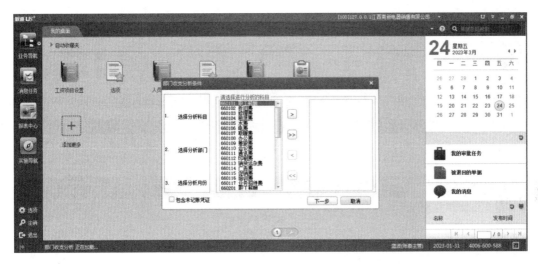

图 4 – 39

单击【下一步】，选择需要进行收支分析的部门，如图 4 – 40 所示。

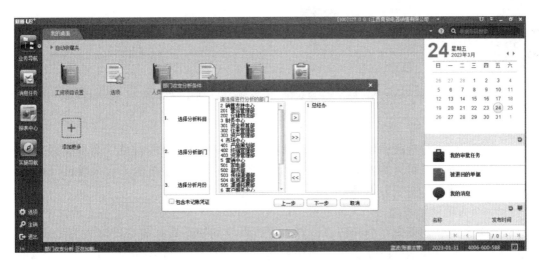

图 4 – 40

单击【下一步】，选择需要进行收支分析的起止月份，如图 4 – 41 所示。

选择完成后，显示部门收支分析表，如图 4 – 42 所示。

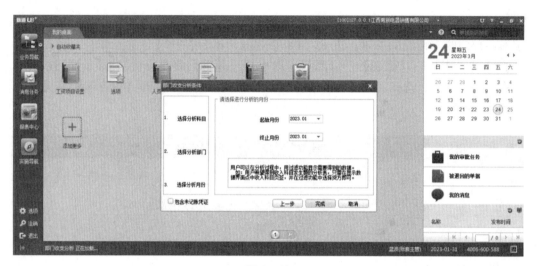

图 4 - 41

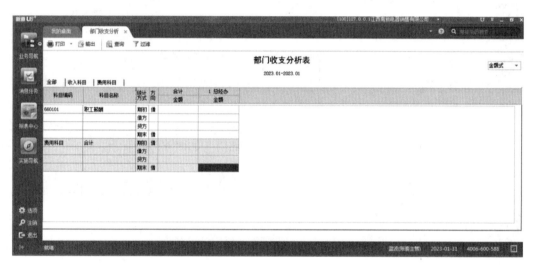

图 4 - 42

在部门收支分析表中可以选择"全部""收入科目""费用科目"页签查询数据。例如希望查询收入科目的发生额的分析表，只需在查询界面中单击"收入科目"页签，并在过滤功能中选择贷方即可。

7. 个人辅助账查询。个人辅助账可以查询内部职工发生的往来业务。使用个人往来核算功能时，需要先在会计科目设置中将该科目的辅助核算类型设为个人往来。使用个人往来核算功能可以完成个人余额查询统计、个人往来明细账查询输出、个人往来清理、个人往来对账、个人往来催款单、个人往来账龄分析和打印催款单等。操作步骤如下。

（1）查询个人往来余额表。进入【U8 企业应用平台】—【业务工作】—【财务会计】—【总账】—【账表】—【个人往来辅助账】—【个人科目余额表】，显示查询条件窗口，如图 4 - 43 所示。

图 4 – 43

选择输入要查询的会计科目、起止月份，可限制查询的余额范围，选择要统计的余额方向，如要统计余额在借方的个人情况则单击"借方余额"，如不分余额方向则单击"借方余额"和"贷方余额"，如图 4 – 44 所示。

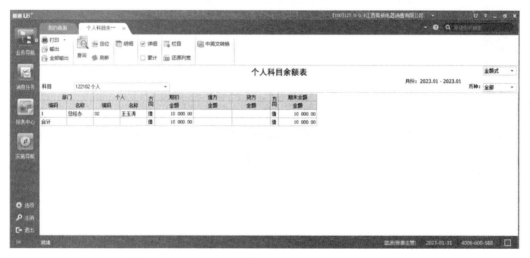

图 4 – 44

（2）个人往来清理，该功能能够及时地了解个人借款、还款情况。

进入【U8 企业应用平台】—【业务工作】—【财务会计】—【总账】—【账表】—【个人往来辅助账】—【个人往来两清】，显示条件窗口，如图 4 – 45 所示。

输入科目、个人、月份、项目等查询条件，选择两清条件，可以选择按项目两清，也可以切换到"自定义项两清条件"页签选择按自定义项两清；单击【确定】，输出查询结果，如图 4 – 46 所示。

图 4 – 45

图 4 – 46

八、报表管理

(一) 实训资料

利用报表模板生成资产负债表、利润表和现金流量表，在编制资产负债表时，根据"资产=负债+所有者权益"原理设置审核公式。

(二) 实训步骤

以账套主管"101 蓝波"的身份登录企业应用平台，操作日期为"2023 – 01 – 31"

1. 调用报表模板生成资产负债表。

（1）调用资产负债表模板。

①执行【文件】—【新建】命令，新建一张空白报表，默认为格式状态。

②执行【格式】—【报表模板】命令,打开【报表模板】对话框。

③所在的行业选择"2007年新会计制度科目",财务报表选择"资产负债表"。

④单击【确认】按钮,弹出"模板格式将覆盖本表格式!是否继续?"提示框。

⑤单击【确认】按钮,即可打开"资产负债表"模板,如图4-47所示。

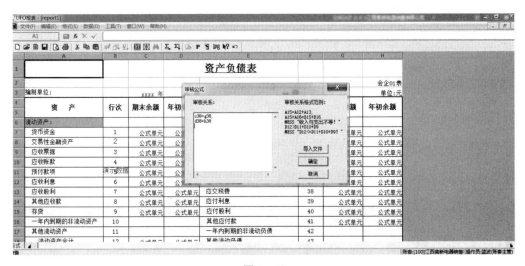

图 4-47

(2)定义审核公式。

①执行【数据】—【编辑公式】—【审核公式】命令,打开【审核公式】对话框。

②根据"资产=负债+所有者权益"原理,输入审核关系"c38-g38""d38=h38",如图4-48所示。

图 4-48

③点击【确定】按钮。

（3）生成资产负债表

①录入关键字生成报表。

a. 单击报表左下角的【格式/数据】按钮，使当前状态为"数据"状态。

b. 执行【数据】—【关键字】—【录入】命令，打开【录入关键字】对话框。

c. 输入关键字：年"2023"、月"1"、日"31"，单击【确定】按钮，如图 4 – 49 所示。

图 4 – 49

d. 系统弹出"是否重算第 1 页"提示框，单击【是】按钮，系统自动根据单元公式计算 1 月份的数据，如图 4 – 50 所示。

编制单位：	演示数据		2023 年	1 月		31 日		单位：元
资　产	行次	期末余额	年初余额	负债和所有者权益 （或股东权益）	行次	期末余额	年初余额
流动资产：				流动负债：			
货币资金	1	6 640 270.00	6 640 600.00	短期借款	32		
交易性金融资产	2			交易性金融负债	33		
应收票据	3			应付票据	34		
应收账款	4	863 044.00	863 044.00	应付账款	35	1 230 570.00	1 092 570.00
预付款项	5			预收款项	36		
应收利息	6			应付职工薪酬	37	941 104.50	941 104.50
应收股利	7			应交税费	38	344 241.63	360 121.63
其他应收款	8	10 000.00	10 000.00	应付利息	39		
存货	9	13 624 895.00	13 502 775.00	应付股利	40		
一年内到期的非流动资产	10			其他应付款	41	10 000.00	10 000.00
其他流动资产	11			一年内到期的非流动负债	42		
流动资产合计	12	21 138 209.00	21 016 419.00	其他流动负债	43		
非流动资产：				流动负债合计	44	2 525 916.13	2 403 796.13
可供出售金融资产	13			非流动负债：			

图 4 – 50

②报表审核。

a. 执行【数据】—【审核】命令。

b. 系统自动根据前面定义的审核公式进行报表审核。

c. 如果审核正确，系统在报表左下角提示"完全正确"，如果审核错误，系统会弹出"审核错误"提示框，这时需要查找原因修改，直至审核正确为止。

（4）保存资产负债表

①执行【文件】—【保存】命令，弹出【另存为】对话框。

②选择要保存报表的位置，输入文件名"资产负债表"，点击【另存为】按钮。

2. 调用报表模板生成利润表

操作步骤同调用报表模板生成资产负债表，如图 4 – 51 所示。

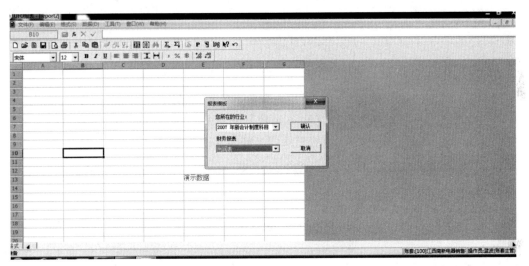

图 4 – 51

3. 调用报表模板生成现金流量表

（1）调用现金流量表模板

操作步骤同调用资产负债表模板。

（2）设置现金流量表单元公式

①报表在"格式"状态下，选中"C6"单元，按"="键，打开【定义公式】对话框，如图 4 – 52 所示。

②单击【函数向导】按钮，打开【函数向导】对话框。

③在函数分类列表框中选择"用友账务函数"，在右边函数名列表框中选择"现金流量项目金额（XJLL）"。

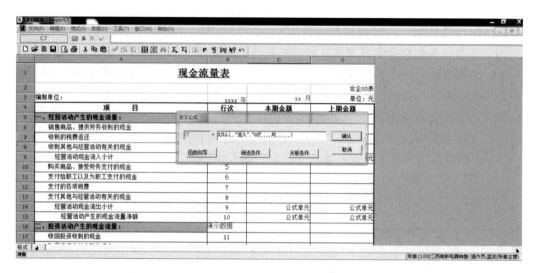

图 4-52

④单击【下一步】按钮，打开【用友账务函数】对话框。

⑤单击【参照】按钮，打开【账务函数】对话框，选择方向为"流出"，现金流量项目编码为"04"，其他采用系统默认值，如图 4-53 所示。

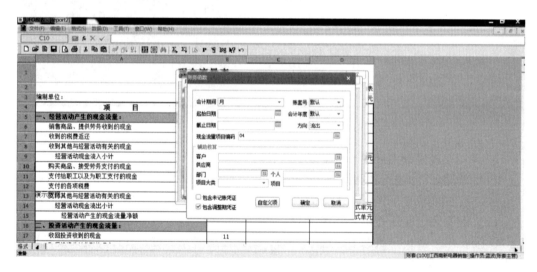

图 4-53

⑥点击【确认】按钮。

⑦同理，根据表中对应项目名称，设置其他单元的现金流量公式。

（3）生成现金流量表数据

①单击【格式/数据】按钮，使报表处于"数据"状态。

②录入关键字：年"2023"、月"01"，生成现金流量表，如图 4-54 所示。

图 4-54

思 政 小 结

1. 上市公司财务造假案例介绍。通过案例分析，培养学生慎独意识、耐心细致、严谨规范的职业操守，做到日清月结、内部控制。

2. 介绍会计行业模范人物的先进事迹，发挥榜样的引领与激励作用，传播积极向上的正能量，增强学生的职业认同感和归属感，培养大国工匠精神。

第五章　固定资产

【学习目标】

1. 认知固定资产管理系统的主要功能；
2. 复述固定资产管理子系统与其他子系统的关系和操作流程；
3. 学会固定资产管理子系统的操作流程，能够根据实际需要进行初始设置；
4. 能运用固定资产管理子系统对日常业务及期末业务进行处理。

第一节　固定资产认知基础

固定资产是企业的劳动手段，也是企业赖以生产经营的主要资产。固定资产管理是企业管理的重要部分，但由于固定资产具有价值高、数量大、种类多、保管和使用地点分散等特点，所以在手工条件下，对固定资产的核算与管理工作难度大。使用固定资产管理子系统对固定资产进行核算和管理，可以提高内部管理水平，降低企业成本，提高企业经济效益。

一、固定资产管理子系统主要功能

根据固定资产业务处理的需要，固定资产管理工作包括固定资产初始设置、固定资产增减及变动核算、固定资产减值准备计提、固定资产评估处理、折旧的计提及分配核算固定资产期末处理等。因此，固定资产管理子系统主要功能包括初始设置、日常业务处理、凭证处理、账表查询和期末处理。

（一）初始设置

固定资产管理子系统初始化需要将固定资产核算和管理所必需的规则和基本信息录入系统中，并录入固定资产原始数据，为固定资产日常业务处理做好基础工作。初始设置的内容主要包括参数设置、折旧科目、资产类别、增减方式、折旧方法、录入原始卡片等。

（二）日常业务处理

固定资产管理子系统日常业务处理是固定资产日常管理中经常处理的业务。在资产增加、资产减少、资产原值变动、资产评估、资产减值等业务发生时，需更新固定资产卡片，并依据设定的固定资产折旧方法计提折旧，同时进行账表查询。

（三）凭证处理

根据初始化设置的增减方式、折旧科目、使用状况等信息，业务发生后，固定资产管理子系统可以自动生成记账凭证，有时也需要人工补足凭证数据。生成的凭证保存后，自动传递到总账管理子系统或成本管理子系统做进一步处理。

（四）账表查询

在固定资产管理过程中，需要及时掌握资产的统计、汇总和其他各方面的信息，固定资产管理子系统可以以账表的形式将各项固定资产信息提供给财务人员和资产管理人员。系统提供了五类账表：分析表、减值准备表、统计表、账、折旧表。

（五）期末处理

固定资产子系统期末处理主要包括对账和月末结账两部分，月末结账后，本月数据不能再进行处理。

固定资产业务流程如图 5－1 所示。

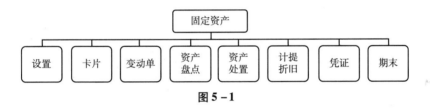

图 5－1

二、固定资产管理子系统与其他子系统之间的关系

固定资产管理子系统与总账管理子系统、成本管理子系统、采购管理子系统和报表管理子系统都有数据传递关系。

与总账管理子系统集成应用时，固定资产管理子系统中资产的增加、减少以及原值和累计折旧的调整、折旧计提等业务可自动生成记账凭证，并将有关数据传输到总账管理子系统，同时通过对账保持固定资产账目与总账管理子系统之间数据的一致性。

与成本管理子系统集成应用时，固定资产管理子系统的折旧费用数据可以直接引入成本管理子系统，形成成本对象的折旧要素费用。

与采购管理子系统集成应用时，固定资产的采购还可以通过采购管理子系统的采购入库单传递到固定资产管理子系统后，结转生成采购资产卡片。采购资产卡片可以联查入库单列表、结算单列表。

与报表管理子系统集成应用时，报表管理子系统通过相应的取数函数从固定资产管理子系统中提取分析数据。

第二节 固定资产实训操作

一、选项设置

(一)实训资料

按表5-1~表5-3完成固定资产选项设置。

表5-1

控制参数	参数设置
约定与说明	同意
启用月份	2023年1月
折旧信息	本账套计提折旧 折旧方法：平均年限法（二） 折旧汇总分配周期：1个月 当（月初已计提月份 = 可使用月份 - 1）时，将剩余折旧全部提足
编码方式	资产类别编码方式：2112 固定资产编码方式：按"类别编码 + 部门编码 + 序号"自动编码 卡片序号长度为3
财务接口	要求与财务系统进行对账；固定资产对账科目为"1601 固定资产"，累计折旧对账科目为"1602 累计折旧"；在对账不平情况下允许固定资产月末结账

表5-2

固定资产 类别编码	固定资产 类别名称	使用 年限	净残 值率	单位	计提属性	折旧方法
01	计算机及电子设备	3年	0%	台	正常计提	平均年限法（二）
02	家电用具	5年	3%	台	正常计提	平均年限法（二）
03	运输设备	10年	5%	辆	正常计提	工作量法
04	其他办公设备	5年	0%	台	正常计提	平均年限法（二）

表5-3

部门	对应折旧科目
总经办	管理费用——折旧费
营运管理部	管理费用——折旧费
仓储物流部	管理费用——折旧费
资金核算部	管理费用——折旧费
往来管理部	管理费用——折旧费
产品策划部	销售费用——折旧费
终端管理部	销售费用——折旧费

续表

部门	对应折旧科目
家电部	销售费用——折旧费
超市部	销售费用——折旧费
传统渠道部	销售费用——折旧费
电商渠道部	销售费用——折旧费
渠道拓展部	销售费用——折旧费
网点管理部	销售费用——折旧费
配件管理部	销售费用——折旧费
维修部	销售费用——折旧费
采购中心	管理费用——折旧费

（二）实训步骤

1. 固定资产模块启用设置。第一次使用固定资产模块，需要先启用固定资产模块，配置资产管理相关的参数。操作步骤。

（1）账套主管蓝波进入【U8 企业应用平台】—【业务工作】—【财务会计】—【固定资产】—【设置】—【选项】，进入固定资产启用页面，按照启用参数的要求进行逐步设置，如图 5 - 2 所示。

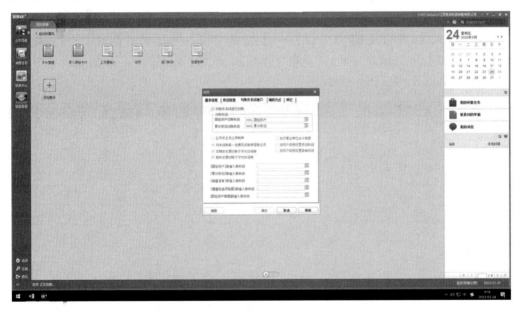

图 5 - 2

（2）逐步设置完成，固定资产模块初始化参数设置完成。

2. 固定资产折旧科目设置操作步骤。

（1）进入【U8 企业应用平台】—【业务工作】—【财务会计】—【固定资产】—【设置】—【部门对应折旧科目】，选择部门，单击【修改】，按照企业案例中的"资产折旧入账科目"表，设置各个部门对应的折旧科目，如图 5 – 3 所示。

图 5 – 3

（2）设置完成，单击【保存】。

3. 资产类别设置操作步骤。

（1）进入【U8 企业应用平台】—【业务工作】—【财务会计】—【固定资产】—【设置】—【资产类别】，单击【增加】，按照企业案例中"固定资产类别"表进行设置，如图 5 – 4、图 5 – 5 所示。

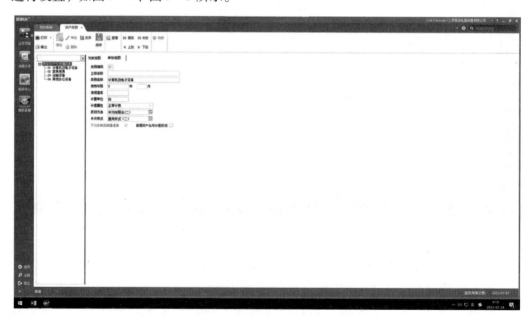

图 5 – 4

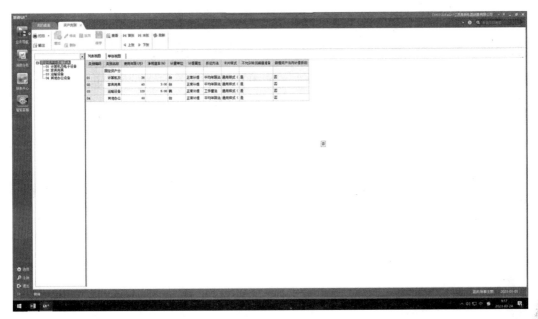

图 5-5

（2）设置完成，单击【保存】。

4. 折旧方法设置操作步骤。

（1）进入【U8 企业应用平台】—【业务工作】—【财务会计】—【固定资产】—【设置】—【折旧方法】，系统已经预置了常见的折旧方法及其计算公式，如图 5-6 所示。

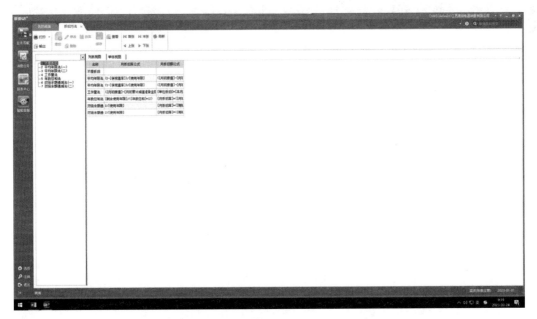

图 5-6

（2）若案例企业的折旧方法没有要求特别的设置，按系统预置设置即可，无须配置。

5. 增减方式配置操作步骤。

进入【U8 企业应用平台】—【业务工作】—【财务会计】—【固定资产】—【设置】—【增减方式】，系统已经预置了企业常见的资产的增加与减少方式，若案例企业的增减方式没有要求特别的设置，按系统预置设置即可，"对应入账科目"，如图 5 - 7 所示。

图 5 - 7

二、期初余额

（一）实训资料

江西南新电器销售有限公司截至 2023 年 1 月初购入的固定资产信息如表 5 - 4 所示。

表 5-4

固定资产明细表

日期: 2023 年 1 月 1 日

卡片编号	资产名称	类别名称	数量	使用部门	建账日期	已计提月份	开始使用日期	本币原值(元)	累计折旧(元)	净残值率(%)	净残值(元)	净值(元)	折旧方法	使用月限(月)	本月折旧额(元)
590	打印机	计算机及电子设备	1	总经办	2023-1-1	3	2022-9-2	2 050	170.83	0	0.00	1 879.17	平均年限法(二)	36	56.94
591	复印一体机	计算机及电子设备	1	总经办	2023-1-1	3	2022-9-2	2 850	237.5	0	0.00	2 612.5	平均年限法(二)	36	79.17
615	惠普打印机	计算机及电子设备	1	总经办	2023-1-1	2	2022-10-2	6 000	333.33	0	0.00	5 666.67	平均年限法(二)	36	166.67
653	惠普激光打印机	计算机及电子设备	1	资金核算部	2023-1-1	1	2022-11-1	1 241	34.47	0	0.00	1 206.53	平均年限法(二)	36	34.47
443	平板电脑	计算机及电子设备	1	资金核算部	2023-1-1	15	2021-9-7	5 576	2 323.33	0	0.00	3 252.67	平均年限法(二)	36	154.89
444	三星 Galaxy	计算机及电子设备	1	往来管理部	2023-1-1	15	2021-9-7	2 135.04	889.6	0	0.00	1 245.44	平均年限法(二)	36	59.31
455	戴尔台式机	计算机及电子设备	1	往来管理部	2023-1-1	14	2021-10-7	3 247.01	1 262.73	0	0.00	1 984.28	平均年限法(二)	36	90.19
495	65 寸液晶电脑一体机	计算机及电子设备	1	营运管理部	2023-1-1	9	2022-3-6	19 743.59	4 935.9	0	0.00	14 807.69	平均年限法(二)	36	548.43
501	65 寸触摸电脑一体机	计算机及电子设备	1	营运管理部	2023-1-1	9	2022-3-6	21 905.98	5 476.5	0	0.00	16 429.49	平均年限法(二)	36	608.50

续表

卡片编号	资产名称	类别名称	数量	使用部门	建账日期	已计提月份	开始使用日期	本币原值（元）	累计折旧（元）	净残值率（%）	净残值（元）	净值（元）	折旧方法	使用月限（月）	本月折旧额（元）
530	平板电脑	计算机及电子设备	1	管运管理部	2023-1-1	9	2022-3-6	2 632.48	658.12	0	0.00	1 974.36	平均年限法（二）	36	73.12
538	联想服务器	计算器及电子设备	1	资金核算部	2023-1-1	9	2022-3-6	32 478.63	8 119.66	0	0.00	24 358.97	平均年限法（二）	36	902.18
539	联想服务器	计算器及电子设备	1	往来管理部	2023-1-1	9	2022-3-6	32 478.63	8 119.66	0	0.00	24 358.97	平均年限法（二）	36	902.18
541	联想电脑	计算器及电子设备	1	采购中心	2023-1-1	8	2022-2-6	5 305.98	1 179.11	0	0.00	4 126.87	平均年限法（二）	36	147.39
542	联想电脑	计算器及电子设备	1	仓储物流部	2023-1-1	8	2022-2-6	5 305.98	1 179.11	0	0.00	4 126.87	平均年限法（二）	36	147.39
523	联想电脑	计算器及电子设备	1	产品策划部	2023-1-1	8	2022-2-6	5 305.98	1 179.11	0	0.00	4 126.87	平均年限法（二）	36	147.39
544	联想电脑	计算器及电子设备	1	终端管理部	2023-1-1	8	2022-2-6	5 305.99	1 179.11	0	0.00	4 126.88	平均年限法（二）	36	147.39
564	联想电脑	计算器及电子设备	1	资源管理部	2023-1-1	5	2022-7-3	3 666.67	509.26	0	0.00	3 157.41	平均年限法（二）	36	101.85
580	苹果电脑	计算器及电子设备	1	家电部	2023-1-1	4	2022-8-3	8 622.22	958.02	0	0.00	7 664.2	平均年限法（二）	36	239.51
581	苹果电脑	计算器及电子设备	1	家电部	2023-1-1	4	2022-8-3	8 622.22	958.02	0	0.00	7 664.2	平均年限法（二）	36	239.51

续表

卡片编号	资产名称	类别名称	数量	使用部门	建账日期	已计提月份	开始使用日期	本币原值（元）	累计折旧（元）	净残值率（%）	净残值（元）	净值（元）	折旧方法	使用月限（月）	本月折旧额（元）
585	联想服务器	计算器及电子设备	1	家电部	2023-1-1	4	2022-8-3	32 478.56	3 608.73	0	0.00	28 869.83	平均年限法（二）	36	902.18
587	电脑	计算器及电子设备	1	家电部	2023-1-1	3	2022-9-2	6 100.00	508.33	0	0.00	5 591.67	平均年限法（二）	36	169.44
592	台式电脑	计算机及电子设备	1	家电部	2023-1-1	3	2022-9-2	3 300.00	275.00	0	0.00	3 025.00	平均年限法（二）	36	91.67
593	戴尔服务器	计算机及电子设备	1	家电部	2023-1-1	3	2022-9-2	8 304.54	692.05	0	0.00	7 612.50	平均年限法（二）	36	230.68
627	Apple iMac一体电脑	计算机及电子设备	1	产品策划部	2023-1-1	2	2022-10-2	12 307.69	683.76	0	0.00	11 623.93	平均年限法（二）	36	341.88
628	Apple iMac一体电脑	计算机及电子设备	1	产品策划部	2023-1-1	2	2022-10-2	12 307.69	683.76	0	0.00	11 623.93	平均年限法（二）	36	341.88
631	Apple iMac一体电脑	计算机及电子设备	1	产品策划部	2023-1-1	2	2022-10-2	12 307.69	683.76	0	0.00	11 623.93	平均年限法（二）	36	341.88
632	Apple iMac一体电脑	计算机及电子设备	1	电商渠道部	2023-1-1	2	2022-10-2	12 307.69	683.76	0	0.00	11 623.93	平均年限法（二）	36	341.88
633	Apple iMac一体电脑	计算机及电子设备	1	电商渠道部	2023-1-1	2	2022-10-2	12 307.69	683.76	0	0.00	11 623.93	平均年限法（二）	36	341.88
533	联想服务器	计算机及电子设备	1	电商渠道部	2023-1-1	9	2022-3-6	27 481.00	6 870.25	0	0.00	20 610.75	平均年限法（二）	36	763.36

续表

卡片编号	资产名称	类别名称	数量	使用部门	建账日期	已计提月份	开始使用日期	本币原值（元）	累计折旧（元）	净残值率（%）	净残值（元）	净值（元）	折旧方法	使用月限（月）	本月折旧额（元）
534	IBM 服务器	计算机及电子设备	1	维修部	2023-1-1	9	2022-3-6	450 000.00	112 500.00	0	0.00	337 500.00	平均年限法	36	12 500.00
535	IBM 服务器	计算机及电子设备	1	电商渠道部	2023-1-1	9	2022-3-6	450 000.00	112 500.00	0	0.00	337 500.00	平均年限法	36	12 500.00
701	Think Pad 个人电脑	计算机及电子设备	1	总经办	2023-1-1	9	2022-3-6	6 837.61	1 709.40	0	0.00	5 128.21	平均年限法	36	189.93
702	Think Pad 个人电脑	计算机及电子设备	1	总经办	2023-1-1	9	2022-3-6	6 837.61	1 709.40	0	0.00	5 128.21	平均年限（二）	36	189.93
703	Think Pad 个人电脑	计算机及电子设备	1	采购中心	2023-1-1	9	2022-3-6	6 837.61	1 709.40	0	0.00	5 128.21	平均年限（二）	36	189.93
713	Think Pad 个人电脑	计算机及电子设备	1	渠道拓展部	2023-1-1	9	2022-3-6	6 837.61	1 709.40	0	0.00	5 128.21	平均年限（二）	36	189.93
714	Think Pad 个人电脑	计算机及电子设备	1	传统渠道部	2023-1-1	9	2022-3-6	6 837.61	1 709.40	0	0.00	5 128.21	平均年限（二）	36	189.93
715	Think Pad 个人电脑	计算机及电子设备	1	网点管理部	2023-1-1	9	2022-3-6	6 837.61	1 709.40	0	0.00	5 128.21	平均年限（二）	36	189.93
553	三人沙发	家具用具	1	总经办	2023-1-1	8	2022-2-6	2 000.00	258.67	3	60.00	1 741.33	平均年限（二）	60	32.33
570	班台	家具用具	1	总经办	2023-1-1	5	2022-7-3	2 000.00	161.67	3	60.00	1 838.33	平均年限（二）	60	32.33

续表

卡片编号	资产名称	类别名称	数量	使用部门	建账日期	已计提月份	开始使用日期	本币原值（元）	累计折旧（元）	净残值率（%）	净残值（元）	净值（元）	折旧方法	使用月限（月）	本月折旧额（元）
571	组合桌二人位	家具用具	1	资金核算部	2023-1-1	5	2022-7-3	1 900.00	153.58	3	57.00	1 746.42	平均年限（二）	60	30.72
611	办公桌椅	家具用具	1	往来管理部	2023-1-1	2	2022-10-2	4 600.00	148.73	3	138.00	4 451.27	平均年限（二）	60	74.37
648	米诺琪会议桌	家具用具	1	总经办	2023-1-1	2	2022-10-2	1 680.00	54.32	3	50.40	1 625.68	平均年限（二）	60	27.16
285	格力空调	其他办公设备	1	总经办	2023-1-1	37	2020-11-16	13 699.00	8 447.72	0	0.00	5 251.28	平均年限（二）	60	228.32
441	别克GL8商务车	运输设备	1	总经办	2023-1-1	17	2021-7-2	420 000.00	13 300.00	5	21 000.00	406 700.00	工作量法	600 000公里	已经行驶20 000公里
442	运输卡车	运输设备	1	仓储物流部	2023-1-1	4	2022-8-3	250 000.00	39 583.33	5	12 500.00	210 416.67	工作量法	600 000公里	已经行驶100 000公里
443	运输卡车	运输设备	1	仓储物流部	2023-1-1	4	2022-8-3	250 000.00	39 583.33	5	12 500.00	210 416.67	工作量法	600 000公里	已经行驶100 000公里
444	运输卡车	运输设备	1	仓储物流部	2023-1-1	4	2022-8-3	250 000.00	39 583.33	5	12 500.00	210 416.67	工作量法	600 000公里	已经行驶100 000公里

续表

卡片编号	资产名称	类别名称	数量	使用部门	建账日期	已计提月份	开始使用日期	本币原值（元）	累计折旧（元）	净残值率（%）	净残值（元）	净值（元）	折旧方法	使用月限（月）	本月折旧额（元）
447	箱式货车	运输设备	1	仓储物流部	2023-1-1	4	2022-8-3	300 000.00	57 000.00	5	15 000.00	243 000.00	工作量法	600 000公里	已经行驶120 000公里
449	箱式货车	运输设备	1	仓储物流部	2023-1-1	4	2022-8-3	300 000.00	57 000.00	5	15 000.00	243 000.00	工作量法	600 000公里	已经行驶120 000公里
合计								3 248 435.67	575 975.59			2 335 353.84			83 144.98

（二）实训步骤

固定资产原始卡片信息输入操作步骤具体如下。

（1）进入【U8 企业应用平台】—【业务工作】—【财务会计】—【固定资产】—【卡片】，双击"录入原始卡片"，弹出资产类别选择框，如图 5-8 所示。

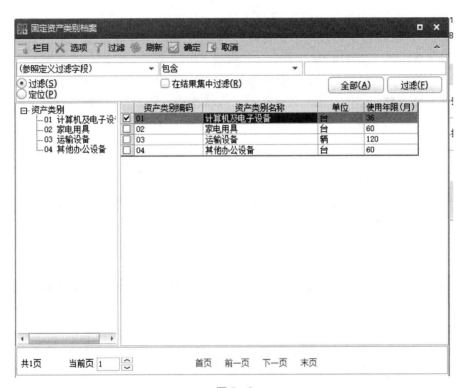

图 5-8

（2）选择第一项资产所属的资产类别，单击【确定】，进入【固定资产卡片】界面，如图 5-9 所示。

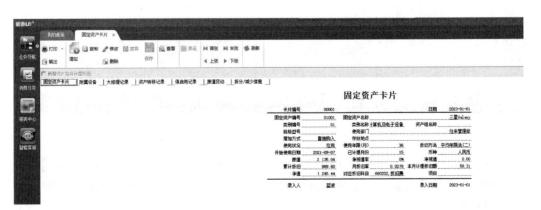

图 5-9

按照案例中的资产信息，逐一输入固定资产卡片。输入完成，单击【保存】。

三、资产增加

（一）实训资料

江西南新电器销售有限公司 2023 年 1 月份新增的资产信息如下：

2023 年 1 月 22 日公司以转账支票购入 10 台 ThinkPad 个人电脑，给维修部使用。每台价值 8 000 元，净残值 5%，预计使用时间 3 年。

注：此次固定资产采购对方开具的是普通支票，故此处不考虑税收抵扣。

要求：在业财一体信息化平台固定资产模块中进行固定资产增加业务处理，并生成记账凭证。

（二）实训步骤

1. 资产卡片增加操作步骤。

（1）资产经理曹艳艳进入【U8 企业应用平台】—【业务工作】—【财务会计】—【固定资产】—【卡片】—【资产增加】，进入资产类别选择界面，如图 5 - 10 所示。

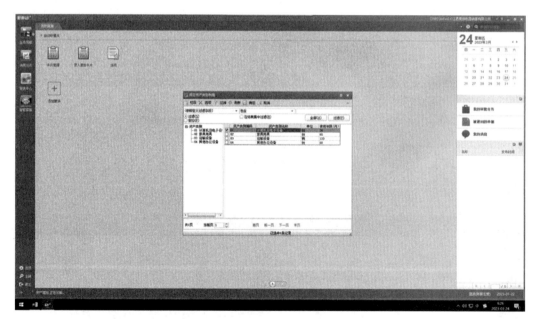

图 5 - 10

（2）选择要录入的卡片所属的资产类别"计算机及电子设备"，单击【确认】，进入新增资产卡片录入窗口，按照案例中资产的信息录入或参照选择各项目的内容，如图 5 - 11 所示。

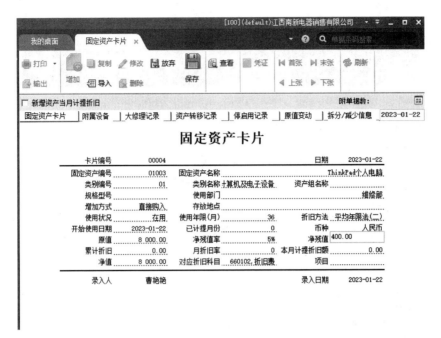

图 5 – 11

（3）单击【保存】，保存录入的卡片。

2. 资产卡片复制。余下的 9 台设备因为除卡片编号之外的信息都完全一致，可以使用卡片复制的方法快速录入。操作步骤如下。

（1）进入【U8 企业应用平台】—【业务工作】—【财务会计】—【固定资产】—【卡片】—【卡片管理】，弹出资产查询的条件框，如图 5 – 12 所示。

图 5 – 12

单击【确定】，系统列出本月新增资产的卡片列表，如图5-13所示。

图5-13

（2）选择第一步中新增的卡片"ThinkPad 个人电脑"，双击进入卡片修改页面，单击【复制】，弹出卡片复制对话框，如图5-14所示。

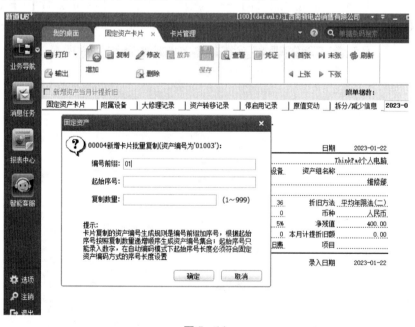

图5-14

输入编号前缀"01"、起始序号"004"，复制数量"9"，单击【确定】，系统会自动生成 9 张卡片。

（3）查看复制生成的卡片，关闭【固定资产卡片】页面，回到卡片管理列表，单击【刷新】，列表中显示新增的 9 张卡片，如图 5 – 15 所示。

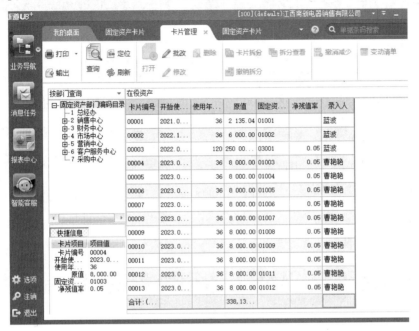

图 5 – 15

3. 生成资产增加的凭证操作步骤。

（1）进入【U8 企业应用平台】—【业务工作】—【财务会计】—【固定资产】—【凭证处理】—【批量制单】，查询条件默认，单击【确定】，系统列示出前面两个步骤新增的 10 张卡片信息，如图 5 – 16 所示。

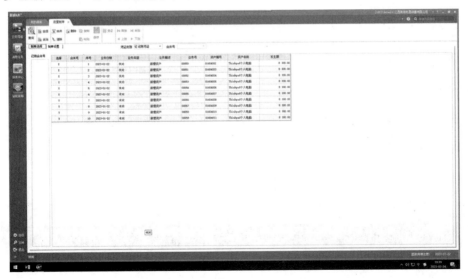

图 5 – 16

（2）将 10 张卡片的信息逐一制单或汇总制单，以汇总制单为例。单击【合并】，系统给已选记录设置相同的合并号，如图 5-17 所示。

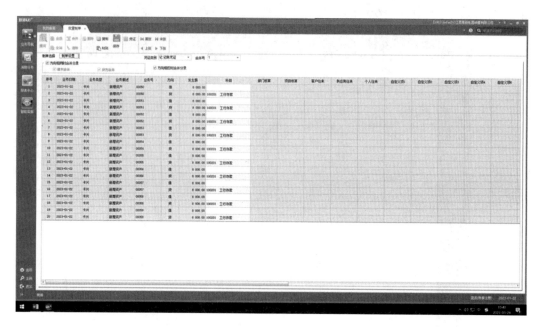

图 5-17

（3）双击每一行的"制单"列，出现红色的 Y，再单击【制单设置】，在"制单设置"界面补充借贷方缺省的科目，如图 5-18 所示。

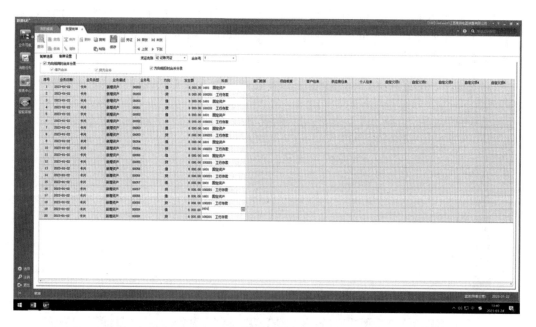

图 5-18

（4）单击【凭证】，弹出合并的凭证，如图 5 - 19 所示。

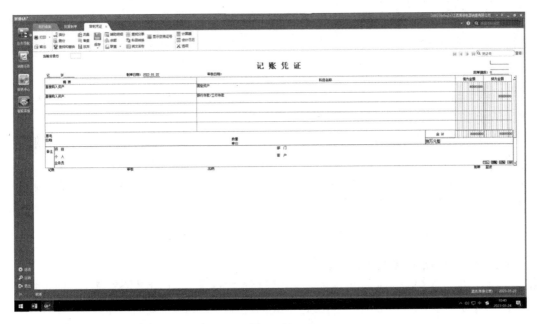

图 5 - 19

（5）单击【保存】，在弹出的现金流量输入框输入相应的现金流量项目。再次单击
【保存】，提示凭证成功保存，传递到总账系统，如图 5 - 20 所示。

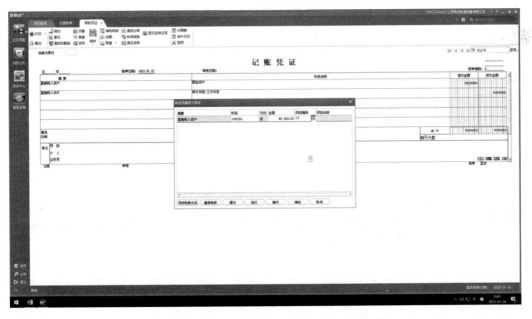

图 5 - 20

四、固定资产变动

（一）实训资料

江西南新电器销售有限公司 2023 年 1 月资产变动信息如下：

（1）因仓储物流部的单据打印需求量增大，经公司研究决定，2023 年 1 月 22 日，将总经办的惠普打印机转移给仓储物流部使用。

（2）2023 年 1 月 26 日，公司将资产"运输卡车"进行维修，增加了智能导航与定位系统，资产原值增加了 20 000 元，款项已经以转账支票支付。

要求：在业财一体信息化平台固定资产模块中对固定资产进行使用部门调整，原值增加等业务处理，并生成记账凭证。

（二）实训步骤

1. 资产使用部门调整操作步骤。

（1）进入【U8 企业应用平台】—【业务工作】—【财务会计】—【固定资产】—【变动单】—【部门转移】，进入【固定资产变动单】页面，如图 5–21 所示。

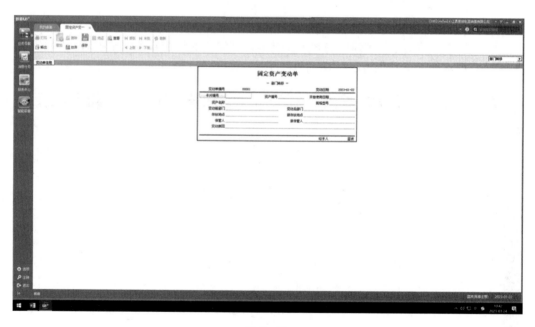

图 5–21

（2）输入卡片编号或资产编号，系统自动显示资产的名称、开始使用日期、规格型号、变动前部门，如图 5–22 所示。

（3）参照选择或输入变动后的使用部门、变动原因。

（4）单击【保存】完成变动单操作。卡片上的使用部门根据变动单而改变。

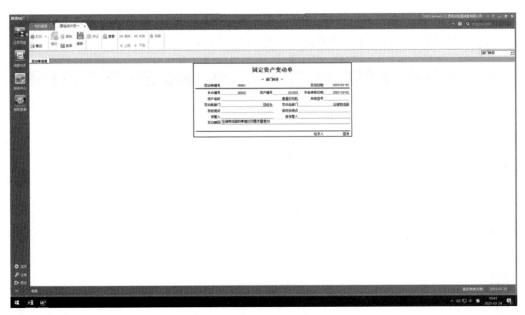

图 5 - 22

2. 资产原值新增操作步骤。

（1）进入【U8 企业应用平台】—【业务工作】—【财务会计】—【固定资产】—【变动单】—【原值增加】，进入【固定资产变动单】页面，输入要变动的卡片编号或资产编号，系统自动显示资产的名称、开始使用日期、规格型号、变动的净残值率、变动前净残值、变动前原值。按照案例中资料输入增加金额，参照选择币种，系统将自动显示汇率，并自动计算变动的净残值、变动后原值、变动后净残值，如图 5 - 23 所示。

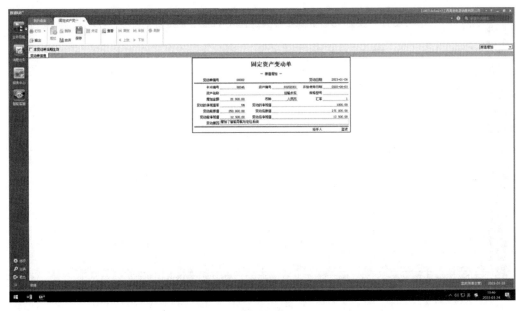

图 5 - 23

（2）输入变动原因。单击【保存】，完成变动单操作，卡片上相应的项目（原值、净残值、净残值率）根据变动单而改变，如图5-24所示。

图 5-24

3. 资产原值新增生成凭证操作步骤。

（1）进入【U8企业应用平台】—【业务工作】—【财务会计】—【固定资产】—【凭证处理】—【批量制单】，查询条件默认，单击【确定】，系统列出原值增加的单据，如图5-25所示。

图 5-25

（2）双击"选择"列选中该单据，出现红色的Y，再单击【制单设置】页签，在"制单设置"界面补充借贷方缺省的科目，再单击【凭证】，弹出生成的凭证，如图 5 - 26 所示。

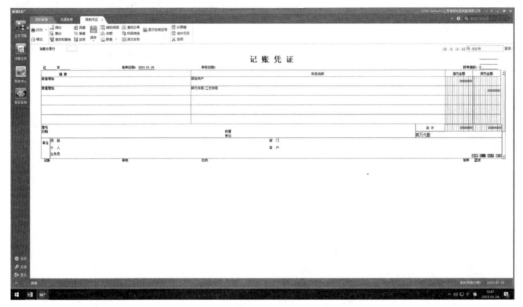

图 5 - 26

（3）单击【保存】，在弹出的现金流量输入框输入相应的现金流量项目。凭证保存成功，传递到总账系统。

五、计提折旧

（一）实训资料

江西南新电器销售有限公司于 2023 年 1 月 30 日在系统中计提资产折旧，并生成计提折旧的凭证。运输设备类的运输总里程和本月里程数如表 5 - 5 所示。

表 5 - 5

卡片编号	资产名称	使用部门	总里程（公里）	本月里程（公里）
00040	别克 GL8 商务车	总经办	600 000	8 000
00042	运输卡车	仓储物流部	600 000	10 000
00043	运输货车	仓储物流部	600 000	10 000
00044	厢式货车	仓储物流部	600 000	15 000
00045	厢式货车	仓储物流部	600 000	15 000

要求：在业财一体信息化平台固定资产模块中计提固定资产折旧，并生成记账凭证。

（二）实训步骤

1. 工作量输入操作步骤。

（1）进入【U8 企业应用平台】—【业务工作】—【财务会计】—【固定资产】—【折旧计提】—【工作量输入】，进入工作量输入页面，如图 5－27 所示。

图 5－27

（2）按照案例提供的数据，输入各项资产的工作总量、上一期间工作量、本月工作量，系统自动计算累计工作量。

2. 计提折旧操作步骤。

（1）进入【U8 企业应用平台】—【业务工作】—【财务会计】—【固定资产】—【折旧计提】—【计提本月折旧】，弹出工作量输入的提示，如图 5－28 所示。

图 5－28

单击【是】，弹出"是否查看折旧清单?"的提示，如图 5 - 29 所示。

图 5 - 29

单击【是】，弹出计提折旧的提示，如图 5 - 30 所示。

图 5 - 30

单击【是】，等待系统自动执行计提折旧操作。

（2）计提折旧完成，系统列出折旧清单，如图 5 - 31 所示。

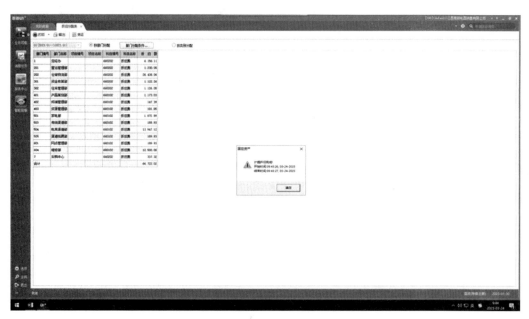

图 5 – 31

（3）逐项查看系统计提的折旧值，验证其是否正确，若数据有误，需退出折旧页面，仔细检查资产卡片的各项数据及工作量的数据输入是否正确。若数据无误，单击【退出】，提示"计提折旧完成"，如图 5 – 32 所示。

图 5 – 32

3. 生成计提折旧的记账凭证操作步骤。

（1）在折旧分配计提页面，单击【凭证】按钮，系统弹出凭证生成页面。或者进入【U8 企业应用平台】—【业务工作】—【财务会计】—【固定资产】—【凭证处理】—【批量制单】，选择折旧清单，单击【制单设置】，系统弹出凭证生成页面，如图 5 - 33 所示。

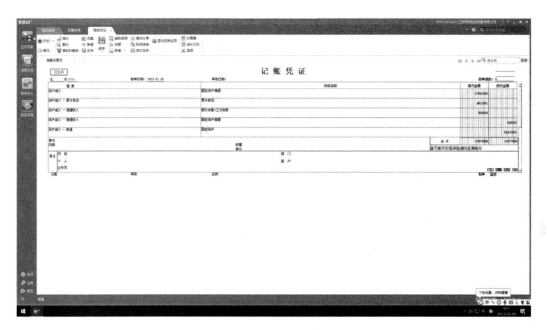

图 5 - 33

（2）在制单页面，输入贷方科目"累计折旧"。单击【保存】，计提折旧的凭证生成，并传到总账系统中。

六、资产减少

（一）实训资料

江西南新电器销售有限公司的资产出现如下状况：2023 年 1 月 30 日，家电部的联想服务器出现故障，经核查，该服务器主板损毁，无法修复，经报上级领导批准，该服务器进行报废处理。报废处理中，变卖废品收入 500 元，已上交财务部入账。

要求：在业财一体信息化平台固定资产模块中完成资产减少处理，并及时生成记账凭证。

（二）实训步骤

1. 资产减少处理操作步骤。

（1）进入【U8 企业应用平台】—【业务工作】—【财务会计】—【固定资产】—【资产处置】—【资产减少】，进入资产减少设置界面，如图 5 - 34 所示。

图 5-34

（2）单击卡片编号的参照按钮，输入案例中要处理的资产"家电部的联想服务器"，单击右上角的【增加】，将要减少的资产添加到表体行上。参照输入减少方式"报废"，清理收入输入"500"，清理原因输入"资产主板损毁，进行报废处理"，如图 5-35 所示。

图 5-35

（3）单击【确定】，提示"资产减少成功"。

2. 资产减少生成记账凭证操作步骤。

（1）进入【U8 企业应用平台】—【业务工作】—【财务会计】—【固定资产】—【凭证处理】—【批量制单】，查询条件默认，单击【确定】，在弹出的页面上双击选中资产减少业务，如图 5－36 所示。

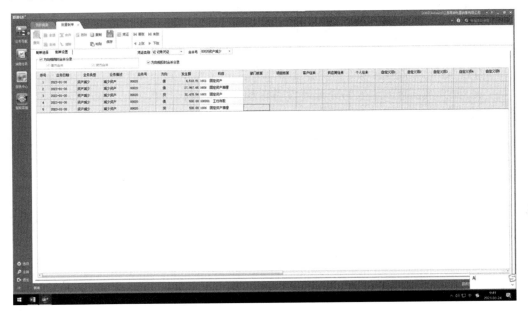

图 5－36

（2）单击【制单设置】，根据基础会计的知识，设置借贷方科目，单击"凭证"，进入记账凭证生成页面，如图 5－37 所示。

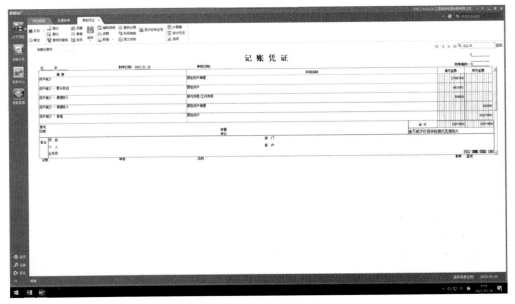

图 5－37

（3）单击【保存】，输入相应的现金流量项目，再次单击【保存】，凭证生成，传到总账系统中。

（4）后续的确认资产减少的损益，在总账模块填制凭证处直接录入结转损益的凭证。

3. 撤销已减少资产。在实际操作中，做资产减少时有时会选错资产，将正常使用的资产卡片做了减少处理，可以通过撤销已减少资产的操作来纠正误操作。需要注意的是，只有当月减少的资产可以通过撤销已减少资产的操作来恢复使用。如果是上期减少的资产，则无法撤销减少。操作步骤如下。

（1）先要确认减少生成的凭证还没有审核。若凭证已审核或已记账，需先取消记账，取消审核。

（2）将减少生成的凭证删除，进入【U8企业应用平台】—【业务工作】—【财务会计】—【固定资产】—【凭证处理】—【查询凭证】，进入凭证列表界面，如图 5 - 38 所示。

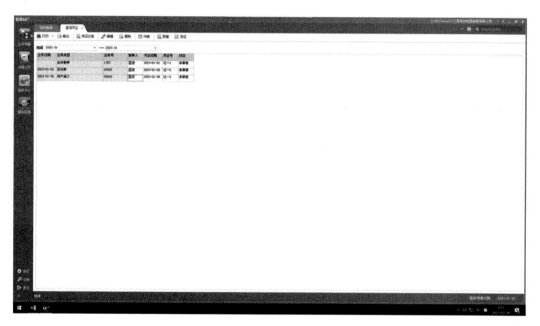

图 5 - 38

选择资产减少生成的凭证，单击【删除】，将凭证从系统中删除。

（3）卡片撤销减少，进入【U8企业应用平台】—【业务工作】—【财务会计】—【固定资产】—【卡片】—【卡片管理】，将查询条件—查询日期前对勾去除，单击【确定】，进入卡片列表界面，单击"在役资产"的下拉列表，选择"已减少资产"，过滤出已经减少的资产，如图 5 - 39 所示。

图 5 – 39

选中列表中的资产，单击右上方【撤销减少】按钮，如图 5 – 40 所示。

图 5 – 40

若单击【是】，则已减少的资产恢复正常状态。

七、资产盘点

(一) 实训资料

江西南新电器销售有限公司于 2023 年 1 月 31 日对资产进行盘点，本次盘点是抽盘，盘点"总经办""资金核算部""往来管理部"三个部门的资产。

在实地盘点过程中，发现"往来管理部"的资产"三星 Galaxy"遗失；在"总经办"发现一台未开封的联想笔记本电脑。经调查，该联想笔记本电脑为供应商提供的赠品。

经报上级批准，盘盈的联想笔记本电脑归入"计算机及电子设备"类，使用部门为"总经办"，使用年限为 36 个月，原值为 6 000 元，无残值，开始使用日期为 2023年 1 月 1 日，折旧方法选用平均年限法（二）。

要求：在业财一体信息化平台固定资产模块中完成资产盘点业务，并进行资产盈盘亏处理，做到账实相符。

（二）实训步骤

1. 资产盘点操作步骤。

（1）进入【U8 企业应用平台】—【业务工作】—【财务会计】—【固定资产】—【资产盘点】，单击【增加】按钮，进入"新增盘点单数据录入"窗口，如图 5 - 41 所示。

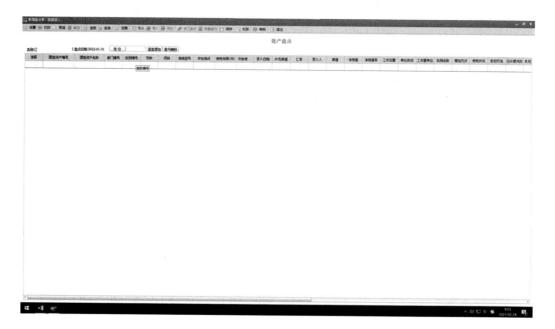

图 5 - 41

（2）单击【范围】按钮，进入"盘点范围设置"窗口，如图 5 - 42 所示。

（3）选择实际盘点的发生日期，选择要进行盘点的方式：按使用部门盘点，使用部门选择"总经办""资金核算部""往来管理部"。系统自动生成盘点单，如图 5 - 43 所示。

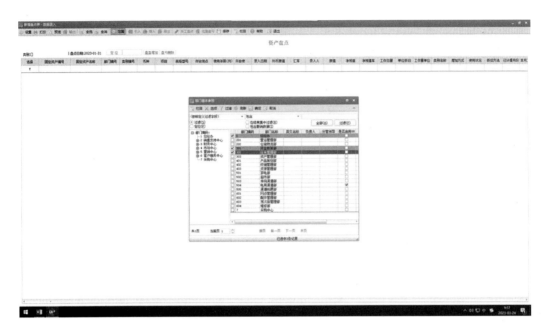

图 5 - 42

图 5 - 43

　　（4）在新增盘点单界面，选中"往来管理部"的资产"三星 Galaxy"行，单击【盘亏删除】按钮，该行被删除，如图 5 - 44 所示。

　　单击【盘盈增加】，页面新增一行，将盘盈的联想笔记本电脑的信息录入。单击【保存】，系统生成盘点单。

图 5 - 44

2. 资产盘点汇总操作步骤。

(1) 进入【U8 企业应用平台】—【业务工作】—【财务会计】—【固定资产】—【资产盘点】—【资产盘点汇总】，单击工具栏的【增加】，弹出"查询条件"界面，如图 5 - 45 所示。

图 5 - 45

(2) 单击【确定】，进入"选择盘点单"界面，如图 5 - 46 所示。

图 5 – 46

（3）双击"选择"列选中的盘点单，单击工具栏的【汇总】按钮，系统进入汇总盘点单详细信息界面，可以看到所有进行汇总的盘点单的详细信息，如图 5 – 47 所示。

图 5 – 47

（4）单击【保存】，保存汇总单，单击【核对】，系统进入盘点结果清单，如图 5 – 48 所示。

图 5－48

　　盘点结果清单是通过账面资产状况与实际盘点数做对比，可以看到盘点结果清单中"往来管理部"的资产"三星 Galaxy"为盘亏，新增的总经办的联想笔记本电脑为盘盈。

　　3. 资产盘点汇总结果确认操作步骤。

　　（1）进入【U8 企业应用平台】—【业务工作】—【财务会计】—【固定资产】—【资产盘点】—【汇总结果确认】，系统显示盘盈和盘亏的资产，如图 5－49 所示。

图 5－49

　　（2）选中盘亏资产，在"审核"列选择"同意"，"处理意见"输入"资产做盘亏处理"，选中盘盈资产，在"审核"列选择"同意"，"处理意见"输入"资产做盘盈处理",如图 5-50 所示。

图 5-50

(3) 单击【保存】按钮,保存审核结果与处理意见。

4. 资产盘盈处理操作步骤。

(1) 进入【U8 企业应用平台】—【业务工作】—【财务会计】—【固定资产】—【资产盘点】—【资产盘盈】,左侧选择要处理的汇总盘点单,右侧显示该汇总盘点单中审核同意的盘盈资产,如图 5-51 所示。

图 5-51

（2）选中该盘盈资产，单击【盘盈处理】，进入固定资产卡片增加界面，如图 5 – 52 所示。

图 5 – 52

（3）将资产卡片信息补充完整，单击【保存】，系统新增一张资产卡片。

（4）盘盈资产生成记账凭证，进入【U8 企业应用平台】—【业务工作】—【财务会计】—【固定资产】—【凭证处理】—【批量制单】，选择盘盈的资产，单击【制单设置】，根据基础会计的知识，设置借贷方科目，如图 5 – 53 所示。

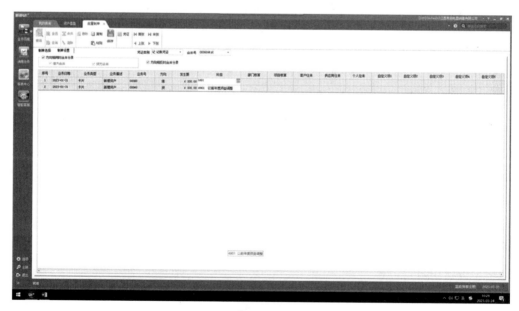

图 5 – 53

单击【凭证】，进入记账凭证生成页面，单击【保存】，凭证生成，传到总账系统中，如图 5 – 54 所示。

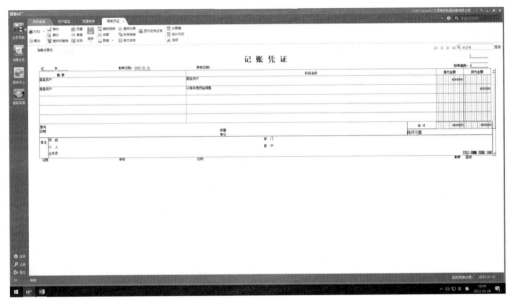

图 5 – 54

5. 资产盘亏处理操作步骤。

（1）进入【U8 企业应用平台】—【业务工作】—【财务会计】—【固定资产】—【资产盘点】—【资产盘亏】，左侧选择要处理的汇总盘点单，右侧显示该汇总盘点单中审核同意的盘亏资产，如图 5 – 55 所示。

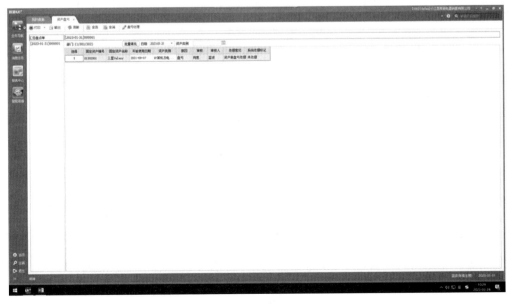

图 5 – 55

（2）选中该盘亏资产，单击【盘亏处理】，进入资产减少界面，如图 5 - 56 所示。

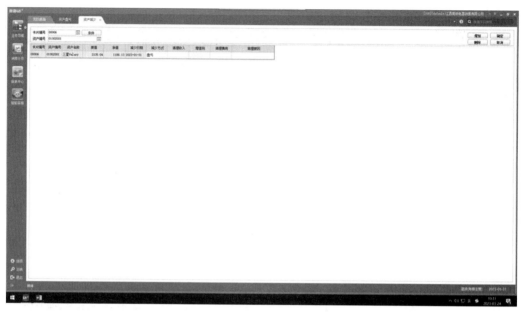

图 5 - 56

（3）输入资产减少的信息，单击【确定】，该资产卡片减少。

（4）盘亏资产生成记账凭证，进入【U8 企业应用平台】—【业务工作】—【财务会计】—【固定资产】—【凭证处理】—【批量制单】，选择盘亏的资产，单击【制单设置】，根据基础会计的知识，设置借贷方科目，如图 5 - 57 所示。

图 5 - 57

单击【凭证】，进入记账凭证生成页面，单击【保存】，凭证生成，传到总账系统中，如图 5 - 58 所示。

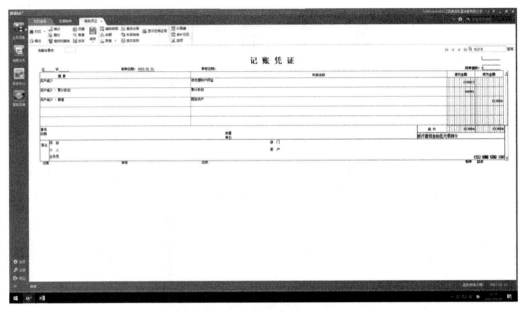

图 5 - 58

思 政 小 结

学生上网收集关于公司利用固定资产科目造假违约的案例，通过对这些案例的分析，让学生意识到在会计核算过程中要保持实事求是的态度，要实事求是地进行会计核算工作，客观公正，按照真实情况记录企业实际拥有的固定资产。

第六章　薪资管理

【学习目标】

1. 认知薪资管理子系统的功能；
2. 复述薪资管理子系统与其他子系统的关系和操作流程；
3. 学会薪资管理子系统的操作流程，能够根据实际需要进行初始设置；
4. 能运用薪资管理子系统对日常业务及期末业务进行处理。

第一节　薪资管理认知基础

薪资管理子系统是企业会计信息系统中的重要子系统，其主要任务是依据工资制度及职工劳动的数量和质量，正确及时地计算和发放职工工资，反映和监督职工工资的结算情况，进行个人所得税的计算、工资费用的分摊，并实现自动转账处理，提供多种方式的查询、打印各种工资账表。

一、薪资管理子系统主要功能

根据薪资业务处理的需要，薪资管理子系统的主要功能包括初始设置、日常业务处理、凭证处理、账表查询和期末处理。

（一）初始设置

薪资管理子系统初始设置主要是设置薪资管理工作需要的档案资料和初始数据，将通用的薪资管理子系统变成适合该企业核算和管理需要的薪资系统。初始设置的内容主要包括新建工资账套、工资类别管理、工资项目设置、人员档案设置和工资计算公式等。

（二）日常业务处理

薪资管理子系统的日常业务处理是每个会计期间都需要做的薪资管理业务，企业完成初始设置以后，形成薪资管理子系统的基础数据库。将工资数据录入系统后，根据设置的工资项目和计算公式计算职工的应发工资、代扣款项和实发工资等，并根据需要进行扣零处理、银行代发、代扣所得税的处理；对工资数据进行汇总、分摊、计提各项费用。日常业务处理主要包括工资变动、工资分摊清单、扣缴所得税、银行代发以及工资分摊等的处理。

（三）凭证处理

薪资管理子系统的凭证处理功能可以根据用户输入的薪资业务数据生成记账凭证，并自动传递到总账管理子系统。需要自动生成的薪资凭证，应该在工资分摊设置时设置好分摊类型和对应的会计科目，计算并汇总本月薪资数据后，自动生成的凭证可以自动传递到总账管理子系统。薪资管理子系统生成的凭证不能在总账中修改和删除，只能在薪资管理子系统中修改和删除。

（四）账表查询

薪资管理子系统提供了多层次、多角度的工资数据查询功能，在数据核算工作完成后，可以据用户需要输出各类薪资统计表格。可以查询的报表包括反映工资基本数据的工资表，以及从部门、项目、月份等角度统计分析的表格。

（五）期末处理

薪资管理子系统的期末处理主要包括月末结账和反结账，月末结账后，本月数据不能再进行处理。

二、薪资管理子系统与其他子系统之间的关系

薪资管理子系统主要与总账管理子系统、成本管理子系统和 UFO 报表管理子系统存在着数据传递关系。薪资管理子系统将工资分摊的结果生成转账凭证，传递到总账管理子系统中进行审核、记账；将工资费用分配表中的数据传送给成本管理子系统，供成本计算时使用；将薪资数据传输给 UFO 报表管理子系统，用于生成各类会计报表，

三、薪资管理子系统应用流程

薪资管理子系统提供两个核算与管理应用方案：单工资类别和多工资类别。如果企业中所有员工的工资统一发放，而工资项目、工资计算公式全部相同，可以使用单工资类别进行核算。如果企业按周或一月内多次发放工资，或者有多种不同类别的人员，工资发放项目不相同，计算公式也不相同，或者在不同地区设有分支机构，工资核算由总部统一管理，则需要采用多工资类别进行核算。

企业采用的核算与管理应用方案不同，薪资管理子系统的应用流程也有所区别，

具体应用流程如图 6-1 所示。

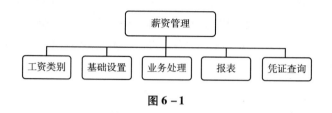

图 6-1

第二节 薪资管理实训操作

一、薪资管理初始化设置

（一）实训资料

江西南新电器销售有限公司的薪资管理进行如下初始化设置。

1. 公司的工资类别为单个。

2. 薪资数据自动计算扣税金额。

3. 工资通过网上银行支付，不存在扣零设置。

4. 工资项目如表 6-1 所示。

表 6-1

工资项目	类型	长度	小数	增减项
基本工资	数字	8	2	增项
岗位工资	数字	8	2	增项
奖金	数字	8	2	增项
事假天数	数字	8	2	其他
事假扣款	数字	8	2	减项
病假天数	数字	8	2	其他
病假扣款	数字	8	2	减项

5. 工资项目的计算公式。

（1）岗位工资：如果人员类别是"总监级"的人员，则他的岗位工资为 2 000 元，如果是其他各类人员，则他的岗位工资为 1 000 元。

（2）事假：请假一天扣减一天的基本工资。

（3）病假：请假天数在 180 天以上者，病假日的基本工资均扣发 30%。

6. 个税税率及起征点按 2019 年 1 月 1 日实施的《关于修改〈中华人民共和国个人所得税法〉的决定》修改执行，如表 6 - 2 所示。

表 6 - 2

基数	5 000 元	附加费用	1 300 元	
级次	应纳税所得额下限（元）	应纳税所得额上限（元）	税率（%）	速算扣除数（元）
1	0.00	36 000.00	3.00	0.00
2	36 000.00	144 000.00	10.00	2 520.00
3	144 000.00	300 000.00	20.00	16 920.00
4	300 000.00	420 000.00	25.00	31 920.00
5	420 000.00	660 000.00	30.00	52 920.00
6	660 000.00	960 000.00	35.00	85 920.00
7	960 000.00		45.00	181 920.00

（二）实训步骤

1. 启用薪资管理模块操作步骤。

（1）进入【U8 企业应用平台】—【业务工作】—【人力资源】—【薪资管理】，进入薪资启用页面，根据案例要求设置启用参数，如图 6 - 2、图 6 - 3 所示。

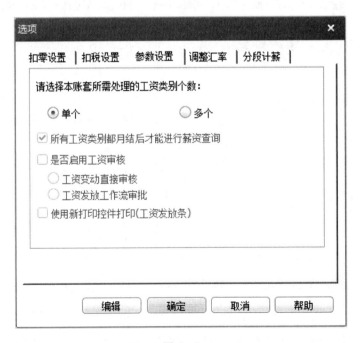

图 6 - 2

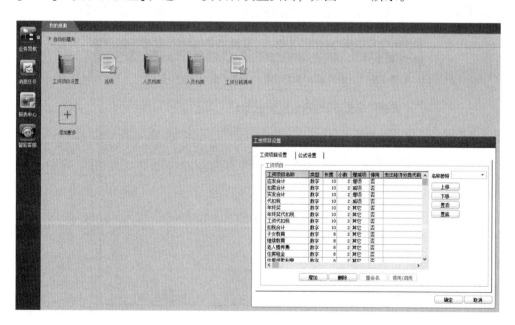

图 6-3

（2）设置完成，薪资管理模块启动。

2. 设置工资项目操作步骤。

（1）进入【U8 企业应用平台】—【业务工作】—【人力资源】—【薪资管理】—【工资项目设置】，进入工资项目设置页面，如图 6-4 所示。

图 6-4

（2）单击【增加】，按照案例企业的工资项目设置要求进行工资项目增加与排序，如图 6-5 所示。

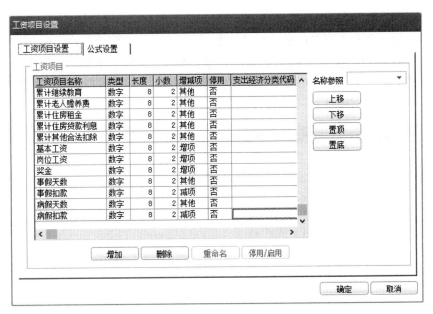

图 6 - 5

（3）单击【确定】，将工资项目保存。

3. 设置工资计算公式操作步骤。

（1）进入【U8 企业应用平台】—【业务工作】—【人力资源】—【薪资管理】—【工资项目设置】，单击【公式设置】，进入薪资公式设置页面，如图 6 - 6 所示。

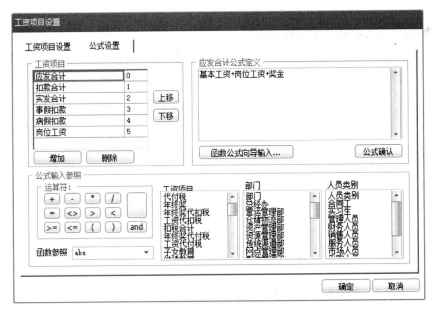

图 6 - 6

（2）设置工资项目的计算公式，按照案例企业的要求，岗位工资、事假扣款和病假扣款项目的计算方式应按如下设置：

岗位工资 = IFF（人员类别 = 总监级，2 000，1 000）

事假扣款 = 基本工资/21.75 × 事假天数

病假扣款 = IFF（病假天数 > = 180，病假天数 × （基本工资/21.75）× 0.3，0）

（3）在公式设置页签，依次设置岗位工资、事假扣款、病假扣款的计算公式，设置完毕，单击【公式确认】，如图 6 - 7 所示。

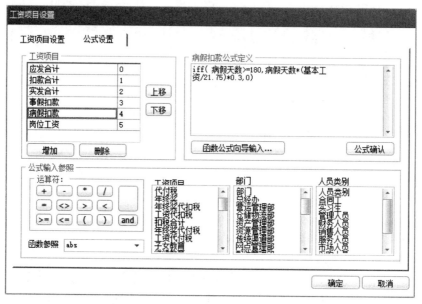

图 6 - 7

4. 修改个人所得税税率操作步骤。

（1）进入【U8 企业应用平台】—【业务工作】—【人力资源】—【薪资管理】—【设置】—【选项】，进入选项设置页面，单击【扣税设置】，如图 6 - 8 所示。

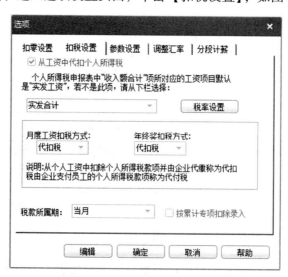

图 6 - 8

（2）单击【编辑】，单击【税率设置】，进入税率设置页面，按照 2019 年最新个税扣税基数及税率进行设置，如图 6-9 所示。

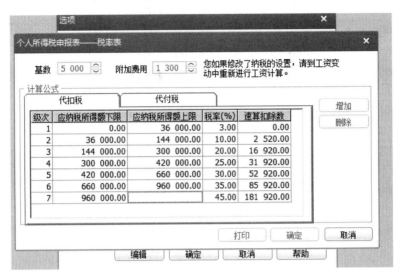

图 6-9

（3）单击【确定】，将税率设置进行保存。

二、工资分摊公式设置

（一）实训资料

江西南新电器销售有限公司的工资项目有四项：应付工资、工会经费、职工教育经费、职工福利费。

按照国家相关政策的规定，企业拨缴的工会经费按照工资薪金总额的 2% 计提。职工教育经费支出按工资薪金总额的 8% 计提。职工福利费无须计提，在实际发生时直接计入相关成本费用。

各部门工资项目分摊设置时对应的借贷方科目，如表 6-3～表 6-5 所示。

表 6-3 　　　　　　　　　　　　　　**应付工资科目设置**

部门	人员类别	应付工资	
		借方科目	贷方科目
总经办	总监级	管理费用——职工薪酬	
营运管理部	管理人员	管理费用——职工薪酬	
仓储物流部	管理人员	管理费用——职工薪酬	应付职工薪酬——工资
资金核算部	财务人员	管理费用——职工薪酬	
往来管理部	财务人员	管理费用——职工薪酬	
资产管理部	财务人员	管理费用——职工薪酬	

续表

部门	人员类别	应付工资	
		借方科目	贷方科目
产品策划部	市场人员	销售费用——职工薪酬	
终端管理部	市场人员	销售费用——职工薪酬	
资源管理部	市场人员	销售费用——职工薪酬	
家电部	销售人员	销售费用——职工薪酬	
超市部	销售人员	销售费用——职工薪酬	
传统渠道部	销售人员	销售费用——职工薪酬	
电商渠道部	销售人员	销售费用——职工薪酬	应付职工薪酬——工资
渠道拓展部	销售人员	销售费用——职工薪酬	
网点管理部	服务人员	销售费用——职工薪酬	
配件管理部	服务人员	销售费用——职工薪酬	
残次品管理部	服务人员	销售费用——职工薪酬	
维修部	服务人员	销售费用——职工薪酬	
采购中心	采购人员	管理费用——职工薪酬	

表 6 - 4　　　　　　　　　　　　工会经费科目设置

部门	人员类别	工会经费（2%）	
		借方科目	贷方科目
总经办	总监级	管理费用——职工薪酬	
营运管理部	管理人员	管理费用——职工薪酬	
仓储物流部	管理人员	管理费用——职工薪酬	
资金核算部	财务人员	管理费用——职工薪酬	
往来管理部	财务人员	管理费用——职工薪酬	
资产管理部	财务人员	管理费用——职工薪酬	
产品策划部	市场人员	销售费用——职工薪酬	
终端管理部	市场人员	销售费用——职工薪酬	
资源管理部	市场人员	销售费用——职工薪酬	
家电部	销售人员	销售费用——职工薪酬	
超市部	销售人员	销售费用——职工薪酬	应付职工薪酬——工会经费
传统渠道部	销售人员	销售费用——职工薪酬	
电商渠道部	销售人员	销售费用——职工薪酬	
渠道拓展部	销售人员	销售费用——职工薪酬	
网点管理部	服务人员	销售费用——职工薪酬	
配件管理部	服务人员	销售费用——职工薪酬	
残次品管理部	服务人员	销售费用——职工薪酬	
维修部	服务人员	销售费用——职工薪酬	
采购中心	采购人员	管理费用——职工薪酬	

表 6 – 5　　　　　　　　　　　　职工教育经费科目设置

部门	人员类别	职工教育经费（8%）	
		借方科目	贷方科目
总经办	总监级	管理费用——职工薪酬	应付职工薪酬——职工教育经费
营运管理部	管理人员	管理费用——职工薪酬	
仓储物流部	管理人员	管理费用——职工薪酬	
资金核算部	财务人员	管理费用——职工薪酬	
往来管理部	财务人员	管理费用——职工薪酬	
资产管理部	财务人员	管理费用——职工薪酬	
产品策划部	市场人员	销售费用——职工薪酬	
终端管理部	市场人员	销售费用——职工薪酬	
资源管理部	市场人员	销售费用——职工薪酬	
家电部	销售人员	销售费用——职工薪酬	
超市部	销售人员	销售费用——职工薪酬	
传统渠道部	销售人员	销售费用——职工薪酬	
电商渠道部	销售人员	销售费用——职工薪酬	
渠道拓展部	销售人员	销售费用——职工薪酬	
网点管理部	服务人员	销售费用——职工薪酬	
配件管理部	服务人员	销售费用——职工薪酬	
残次品管理部	服务人员	销售费用——职工薪酬	
维修部	服务人员	销售费用——职工薪酬	
采购中心	采购人员	管理费用——职工薪酬	

（二）实训步骤

1. 应付工资项目分摊设置操作步骤。

（1）进入【U8 企业应用平台】—【业务工作】—【人力资源】—【薪资管理】—【设置】—【分摊类型设置】，进入分摊类型设置界面，如图 6 – 10 所示。

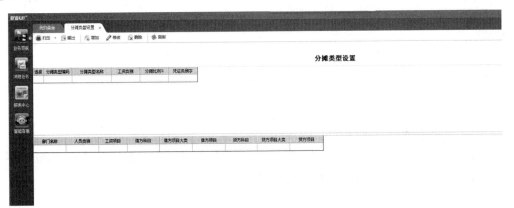

图 6 – 10

（2）单击【增加】，"分摊类型名称"输入"应付工资"，"分摊比例%"输入"100%"，如图6-11所示。

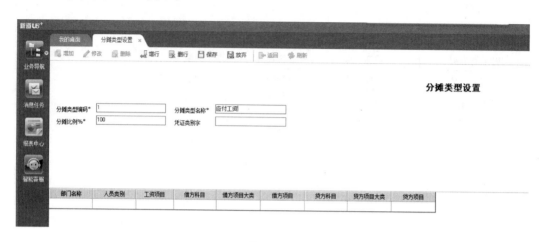

图6-11

（3）在页面下方单击【增行】，按照案例中提供的信息设置部门对应的借贷方科目，点击【保存】按钮，如图6-12所示。

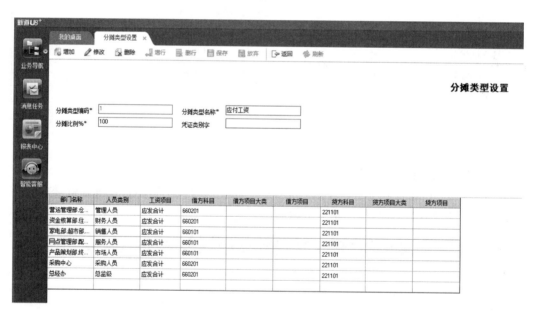

图6-12

2. 工会经费项目分摊设置操作步骤。

（1）进入【U8企业应用平台】—【业务工作】—【人力资源】—【薪资管理】—【设置】—【分摊类型设置】，进入分摊类型设置界面，如图6-13所示。

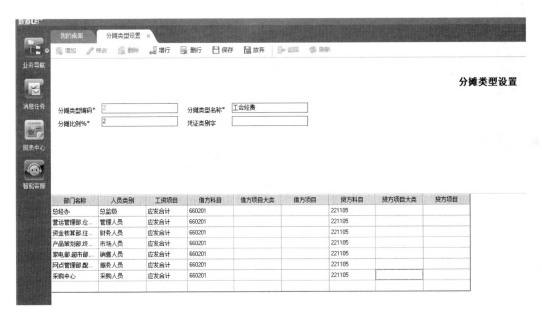

图 6 – 13

（2）单击【增加】按钮，在"分摊类型名称"框中输入"工会经费"，"分摊比例％"输入"2"。并在页面下方按照案例中提供的信息设置部门对应的借贷方科目，点击【保存】按钮，如图 6 – 14 所示。

部门名称	人员类别	工资项目	借方科目	借方项目大类	借方项目	贷方科目	贷方项目大类	贷方项目
总经办	总监级	应发合计	660201			221105		
营运管理部.仓...	管理人员	应发合计	660201			221105		
资金核算部.往...	财务人员	应发合计	660201			221105		
产品策划部.终...	市场人员	应发合计	660201			221105		
家电部.超市部...	销售人员	应发合计	660201			221105		
网点管理部.配...	服务人员	应发合计	660201			221105		
采购中心	采购人员	应发合计	660201			221105		

图 6 – 14

3. 职工教育经费项目分摊设置操作步骤。

（1）进入【U8 企业应用平台】—【业务工作】—【人力资源】—【薪资管理】—【设置】—【分摊类型设置】，进入分摊类型设置界面，如图 6 – 15 所示。

（2）单击【增加】按钮，在"分摊类型名称"框中输入"职工教育经费"，"分摊比例％"输入"8"。并在页面下方按照案例中提供的信息设置部门对应的借贷方科目，点击【保存】按钮，如图 6 – 16 所示。

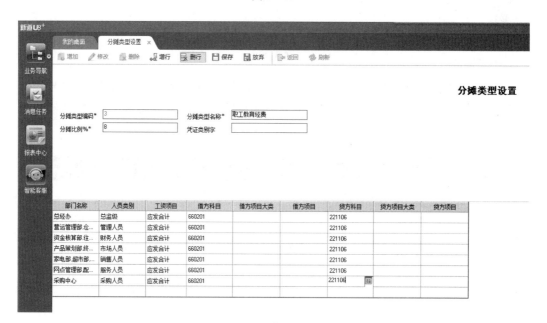

图 6－15

图 6－16

三、薪资计算及发放

（一）实训资料

江西南新电器销售有限公司2023年1月的工资数据如表6－6所示。该公司的工资通过银行代发，在下月5日发放。

表6－6   **2023年1月职工工资表**

人员编码	姓名	基本工资（元）	奖金（元）	事假天数（天）	事假扣款（元）	病假天数（天）	病假扣款（元）
1	王玉涛	30 000		2			
2	陆 依	25 000					

续表

人员编码	姓名	基本工资（元）	奖金（元）	事假天数（天）	事假扣款（元）	病假天数（天）	病假扣款（元）
3	王　成	15 000					
4	蓝　波	8 000					
5	李　荣	12 000					
6	王　芳	7 000					
7	周晓晴	20 000					
8	刘美霞	10 000					
9	黄晶晶	7 000					
10	刘　芳	7 000				1	
11	钱多多	10 000					
12	曹艳艳	7 000					
13	姜　涛	7 000					
14	何芳艳	7 000					
15	宋丽芳	8 000					
16	贺红斌	7 000					
17	张小泉	7 000				5	
18	倪恩岩	20 000					
19	王光富	6 000		3			
20	王　乐	10 000					
21	郭　峰	10 000					
22	闫　岳	10 000					
23	盖成宇	8 000					
24	张德禄	6 000					
25	旭　东	6 000					
26	王健亚	8 000					
27	张　云	6 000					

（二）实训步骤

1. 薪资计算操作步骤。

（1）进入【U8 企业应用平台】—【业务工作】—【人力资源】—【薪资管理】—【业务处理】—【工资变动】，进入工资表数据录入界面，按照案例中提供的工资信息，将基本工资、事假天数、病假天数数据录入，单击【计算】，岗位工资、事假扣款、病假扣款按公式设置自动计算，代扣税按税率设置自动计算，如图 6 – 17 所示。

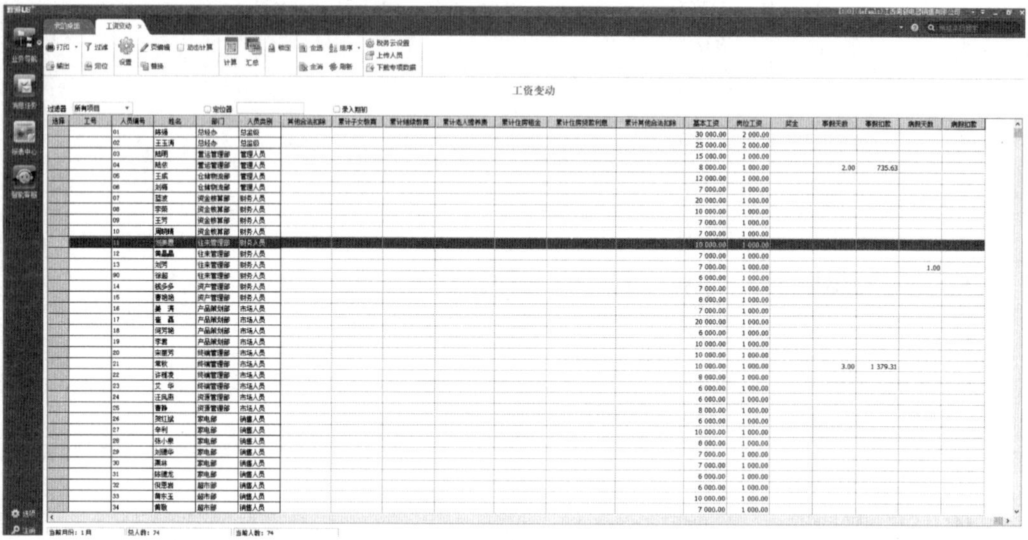

图 6 – 17

（2）认真检查输入的数据与系统自动计算的数据，确认无误后，单击【汇总】。

2. 薪资发放——银行代发。案例企业中工资由银行代发，银行代发即由银行发放企业职工个人工资。目前许多企业发放工资时都采用工资银行卡方式。这种做法既减轻了财务部门发放工资工作的繁重程度，有效地避免了财务部门到银行提取大笔款项所承担的风险，又提高了对员工个人工资的保密程度。

薪资一般是月底计算汇总计提，下月发放，案例企业的工资是下月 5 日发放，故薪资发放操作应于下月执行。

四、工资分摊处理

（一）实训资料

江西南新电器销售有限公司于 2023 年 1 月 31 日进行工资分摊处理，将薪资费用正确计入成本费用科目，并生成计提工资的凭证。

（二）实训步骤

1. 计提工资操作步骤。

（1）进入【U8 企业应用平台】—【业务工作】—【人力资源】—【薪资管理】—【业务处理】—【工资分摊】，进入工资分摊界面，如图 6 – 18 所示。

图 6 - 18

（2）分摊类型选择"应付工资"，勾选所有的部门，选择"明细到工资项目"，选择"分配到部门"，单击【确定】，进入工资一览表，如图 6 - 19 所示。

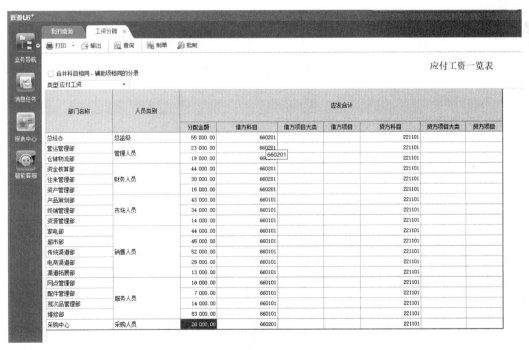

应付工资一览表

部门名称	人员类别	应发合计						
		分配金额	借方科目	借方项目大类	借方项目	贷方科目	贷方项目大类	贷方项目
总经办	总监级	55 000.00	660201			221101		
营运管理部	管理人员	23 000.00	660201			221101		
仓储物流部		19 000.00	660201			221101		
资金核算部	财务人员	44 000.00	660201			221101		
往来管理部		30 000.00	660201			221101		
资产管理部		16 000.00	660201			221101		
产品策划部	市场人员	43 000.00	660101			221101		
终端管理部		34 000.00	660101			221101		
资源管理部		14 000.00	660101			221101		
家电部	销售人员	44 000.00	660101			221101		
超市部		46 000.00	660101			221101		
传统渠道部		52 000.00	660101			221101		
电商渠道部		28 000.00	660101			221101		
渠道拓展部		13 000.00	660101			221101		
网点管理部		16 000.00	660101			221101		
配件管理部	服务人员	7 000.00	660101			221101		
残次品管理部		14 000.00	660101			221101		
维修部		83 000.00	660101			221101		
采购中心	采购人员	28 000.00	660201			221101		

图 6 - 19

系统按照"应付工资"分摊类型中的设置,自动将不同部门人员的薪资对应到不同的借贷方科目。

2. 生成计提工资的凭证操作步骤。

(1) 在应付工资一览表界面,勾选左上方的"合并科目相同、辅助项相同的分录",如图 6-20 所示。

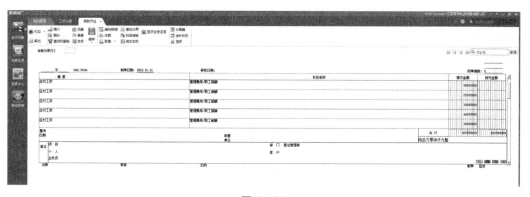

图 6-20

(2) 单击【制单】,系统弹出凭证生成界面,如图 6-21 所示。

图 6-21

(3) 仔细核对凭证生成界面的借贷方科目、辅助核算项及金额。若无误,选择左上角"记账凭证",单击【保存】,计提工资的凭证保存成功,并传到总账系统中。

五、员工保险与福利计算

（一）实训资料

江西南新电器销售有限公司于 2023 年 1 月 31 日计提工会经费、职工教育经费，并生成相应的计提凭证。

（二）实训步骤

1. 计提工会经费操作步骤。

（1）进入【U8 企业应用平台】—【业务工作】—【人力资源】—【薪资管理】—【工资分摊】，进入工资分摊界面，如图 6 - 22 所示。

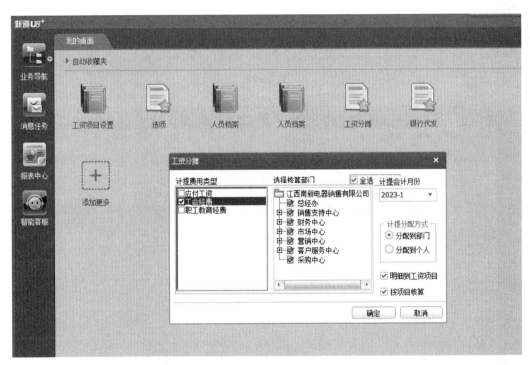

图 6 - 22

（2）分摊类型选择"工会经费"，勾选所有的部门，选择"明细到工资项目"，选择"按项目核算"，单击【确定】，进入工会经费一览表，如图 6 - 23 所示。

系统按照"工会经费"分摊类型中的设置，自动将不同部门人员的薪资对应到不同的借贷方科目。

（3）在工会经费一览表界面，勾选左上方的"合并科目相同、辅助项相同的分录"，如图 6 - 24 所示。

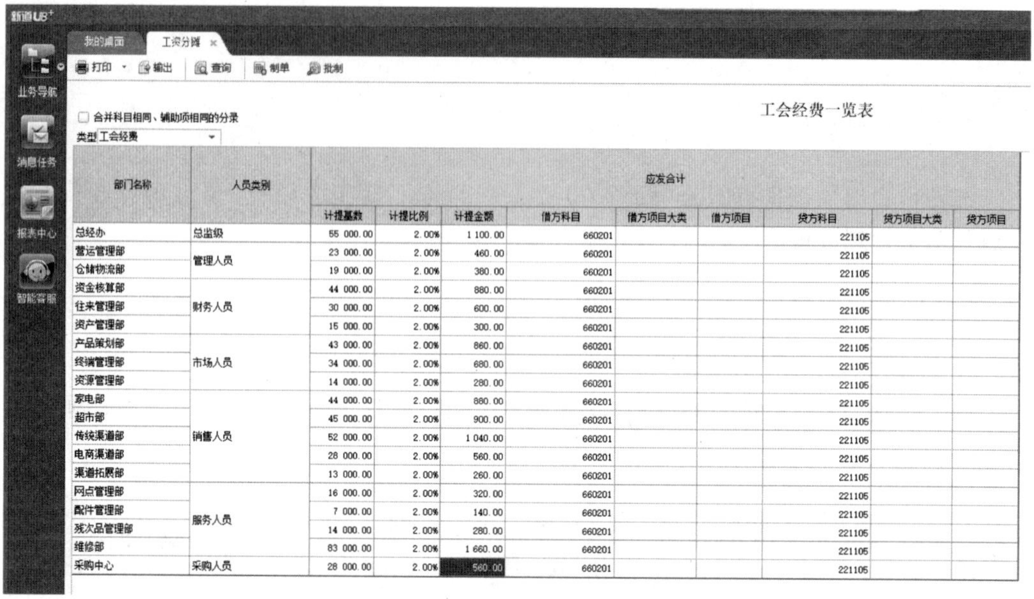

部门名称	人员类别	应发合计								
		计提基数	计提比例	计提金额	借方科目	借方项目大类	借方项目	贷方科目	贷方项目大类	贷方项目
总经办	总监级	55 000.00	2.00%	1 100.00	660201			221105		
营运管理部	管理人员	23 000.00	2.00%	460.00	660201			221105		
仓储物流部		19 000.00	2.00%	380.00	660201			221105		
资金核算部	财务人员	44 000.00	2.00%	880.00	660201			221105		
往来管理部		30 000.00	2.00%	600.00	660201			221105		
资产管理部		15 000.00	2.00%	300.00	660201			221105		
产品策划部	市场人员	43 000.00	2.00%	860.00	660201			221105		
终端管理部		34 000.00	2.00%	680.00	660201			221105		
资源管理部		14 000.00	2.00%	280.00	660201			221105		
家电部	销售人员	44 000.00	2.00%	880.00	660201			221105		
超市部		45 000.00	2.00%	900.00	660201			221105		
传统渠道部		52 000.00	2.00%	1 040.00	660201			221105		
电商渠道部		28 000.00	2.00%	560.00	660201			221105		
渠道拓展部		13 000.00	2.00%	260.00	660201			221105		
网点管理部	服务人员	16 000.00	2.00%	320.00	660201			221105		
配件管理部		7 000.00	2.00%	140.00	660201			221105		
残次品管理部		14 000.00	2.00%	280.00	660201			221105		
维修部		83 000.00	2.00%	1 660.00	660201			221105		
采购中心	采购人员	28 000.00	2.00%	560.00	660201			221105		

图 6－23

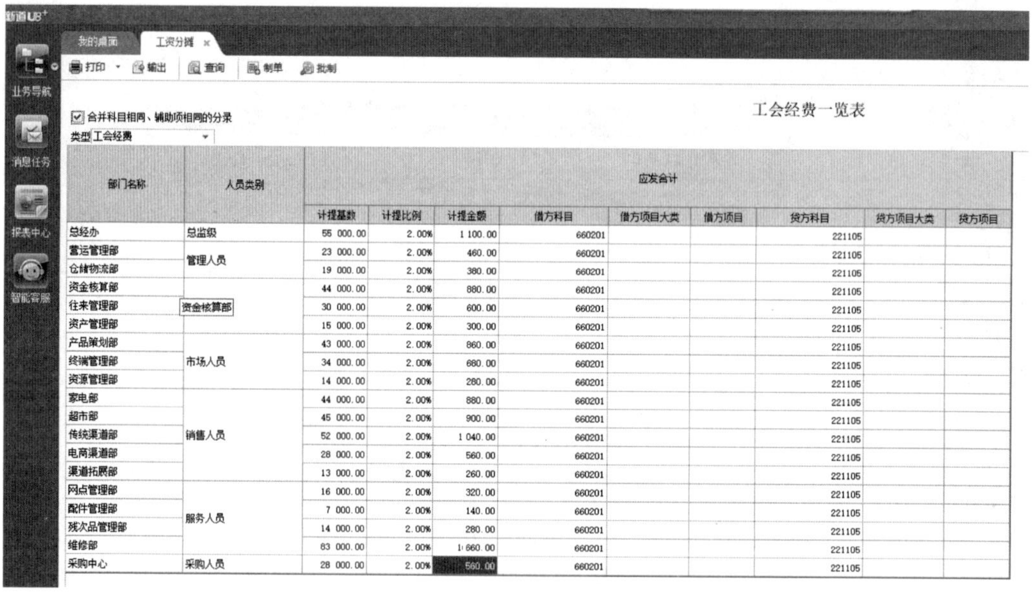

部门名称	人员类别	应发合计								
		计提基数	计提比例	计提金额	借方科目	借方项目大类	借方项目	贷方科目	贷方项目大类	贷方项目
总经办	总监级	55 000.00	2.00%	1 100.00	660201			221105		
营运管理部	管理人员	23 000.00	2.00%	460.00	660201			221105		
仓储物流部		19 000.00	2.00%	380.00	660201			221105		
资金核算部		44 000.00	2.00%	880.00	660201			221105		
往来管理部	资金核算部	30 000.00	2.00%	600.00	660201			221105		
资产管理部		15 000.00	2.00%	300.00	660201			221105		
产品策划部	市场人员	43 000.00	2.00%	860.00	660201			221105		
终端管理部		34 000.00	2.00%	680.00	660201			221105		
资源管理部		14 000.00	2.00%	280.00	660201			221105		
家电部	销售人员	44 000.00	2.00%	880.00	660201			221105		
超市部		45 000.00	2.00%	900.00	660201			221105		
传统渠道部		52 000.00	2.00%	1 040.00	660201			221105		
电商渠道部		28 000.00	2.00%	560.00	660201			221105		
渠道拓展部		13 000.00	2.00%	260.00	660201			221105		
网点管理部	服务人员	16 000.00	2.00%	320.00	660201			221105		
配件管理部		7 000.00	2.00%	140.00	660201			221105		
残次品管理部		14 000.00	2.00%	280.00	660201			221105		
维修部		83 000.00	2.00%	1 660.00	660201			221105		
采购中心	采购人员	28 000.00	2.00%	560.00	660201			221105		

图 6－24

（4）单击【制单】，系统弹出凭证生成界面，如图 6－25 所示。

（5）仔细核对凭证生成界面的借贷方科目、辅助核算项及金额。若无误，选择左上角“记账凭证”，单击【保存】，计提工会经费的凭证保存成功，并传到总账系统中。

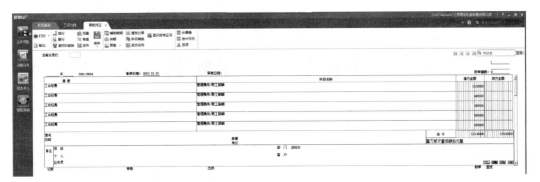

图 6 - 25

2. 计提职工教育经费操作步骤同计提工会经费。

思 政 小 结

1. 国家减税降费，实施个税专项附加扣除，体现出国家尊重人民的权益，也反映出国家治理水平的提高，进一步激励学生的爱国豪情。同时让学生明白依法扣缴个人所得税是每个公民应尽的义务。

2. 学生通过网络收集个税偷税案例，掌握偷逃个税将要承担的法律责任和惩罚，教育学生树立正确的人生观和价值观。

3. 薪资核算关乎国计民生，通过本章学习，需要知道在工作时诚信尽责、严谨细致的重要性。

第七章　合同管理

【学习目标】

1. 认知合同管理子系统的功能；
2. 复述合同管理子系统与其他子系统的关系和操作流程；
3. 学会合同管理子系统的操作流程，能够根据实际需要进行初始设置；
4. 能运用合同管理子系统对日常业务及期末业务进行处理。

第一节　合同管理认知基础

一、合同管理简介

合同管理产品给企业提供了合同的录入、生效、变更、结案的管理，同时对合同的执行、结算、收付款等一系列业务进行了管理及后续的跟踪，保证了合同的顺利履行，为企业规避了风险，实现了利益的最大化。

二、主要功能

1. 基础设置：合同管理可以设置合同选项，定义合同执行阶段，进行报警设置，录入期初单据。
2. 业务处理：能制作应收/应付/销售/采购/出口/进口/其他类合同，对合同的标的、条款、附件、大事记等进行管理；应收/应付类合同可制作执行单、结算单，记录合同的执行与结算信息；销售/采购/出口/进口类合同可在相应模块中生成订单并执行。
3. 报表：可定义【我的报表】，可以查询使用合同统计表、明细表、分析表、履行跟踪表。

合同管理业务流程如图 7 - 1 所示。

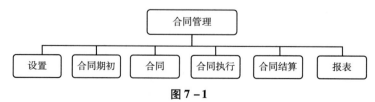

图 7 - 1

第二节　合同管理实训操作

一、合同录入

(一) 实训资料

2023 年 1 月 15 日，江西南新电器销售有限公司营销中心家电部经理贺红斌与易初莲花连锁超市有限公司签订销售合同，销售 10 000 台小熊迷你加湿器，每台含税单价 120 元，如表 7 - 1 所示。

表 7 - 1

序号	货物名称	规格型号	单位	数量（台）	单价（不含税）（元）	金额（不含税）（元）	税率（%）	税额（元）
1	小熊迷你加湿器		台	10 000	106. 19	1 061 946.90	13. 00	138 053.10

约定发货方式为分批发货，第一批发货时间为 2023 年 1 月 19 日，发货 5 000 台；第二批发货时间为 2023 年 1 月 29 日，发货 5 000 台。

收款计划：2023 年 2 月 15 日收取货款的 30%，2023 年 2 月 27 日收取货款的 70%。

(二) 实训步骤

(1) 调整合同模板，显示"启用阶段"和"合同阶段组"。打开【任务导航】—【业务工作】—【供应链】—【合同管理】—【合同】—【合同工作台】，单击【格式设置】，表头项目勾选"启用阶段"和"合同阶段组"，如图 7 - 2 所示。

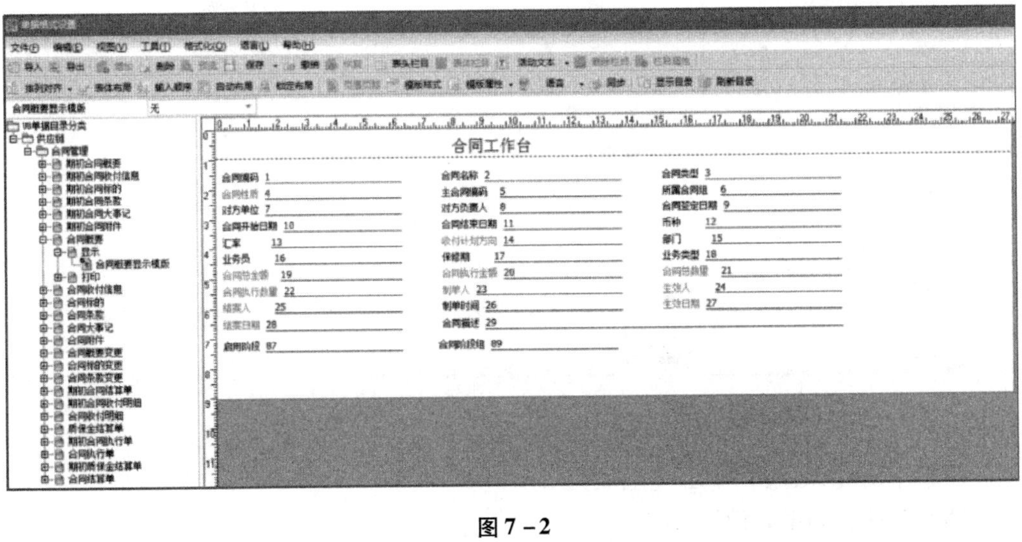

图 7 - 2

（2）新增合同。打开【任务导航】—【供应链】—【合同管理】—【合同】—【合同工作台】。单击【增加】按钮，在下拉菜单中选择"销售类合同"—"销售合同"，表头项目：录入"合同名称""对方单位"，启用阶段选择"是"；表体项目：录入"存货分类编码""对应存货编码""数量""含税原币单价"。合同编号为 XS202301001。如图 7-3 所示。

图 7-3

（3）单击表体的"收款计划"，输入收款计划信息，如图 7-4 所示。

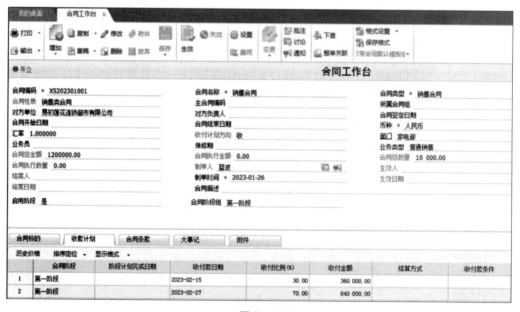

图 7-4

（4）单击【保存】，单击【生效】。

（5）参照合同生成销售订单。

第一步：打开【任务导航】—【业务工作】—【供应链】—【销售管理】—【销售订货】—【销售订单】，单击【增加】按钮，在下拉菜单中选择"合同"，如图7-5所示。

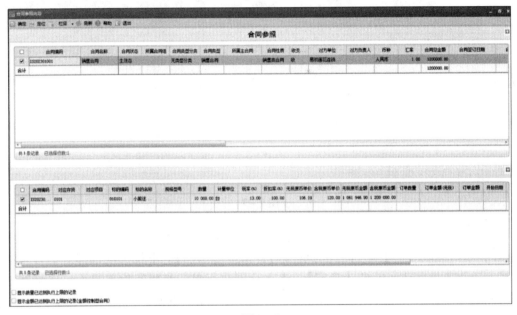

图 7-5

第二步：参照合同信息生成销售订单，如图7-6所示。

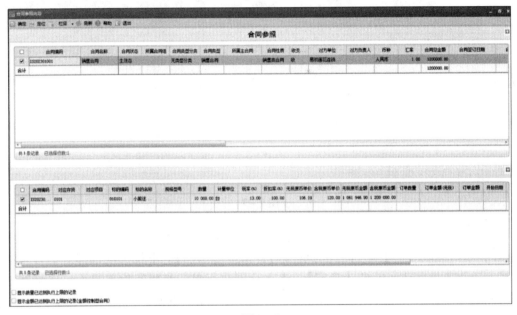

图 7-6

第三步：单击【保存】，单击【审核】，确认销售订单信息。

二、合同执行单

（一）实训资料

公司按照合同约定，对易初莲花连锁超市有限公司执行发货任务，2023年1月26日从商品仓发货5 000台小熊迷你加湿器。合同管理人员记录合同的执行情况。

（二）实训步骤

（1）销售发货单录入。进入【业务导航】—【业务工作】—【供应链】—【销售管理】—【销售发货】—【发货单】，参照订单生成发货单，如图 7 - 7 所示。

图 7 - 7

（2）合同执行单录入。进入【业务导航】—【业务工作】—【供应链】—【合同管理】—【合同执行】—【合同执行单】，单击【增加】，下拉选项选择"销售发货单"，查询条件默认，单击【确定】，进入合同执行单，参照发货单界面，选择客户"易初莲花连锁超市有限公司"的发货单，单击【确定】返回，如图 7 - 8 所示。

图 7 - 8

表头的合同阶段，选择"第一阶段"。
单击【保存】—【生效】。

三、结算处理

（一）实训资料

2023 年 1 月 27 日，江西南新电器销售有限公司与江西大众传媒广告有限公司签订广告合同，合同金额为 300 000 元。

2023 年 1 月 27 日，江西南新电器销售有限公司与江西大众传媒广告有限公司签订的广告合同执行完毕，对合同进行结算处理。

合同编号：GG00001

（二）实训步骤

（1）合同录入。进入【业务导航】—【业务工作】—【供应链】—【合同管理】—【合同】—【合同工作台】，单击【增加】按钮，在下拉菜单中选择"应付类合同"—"广告合同"，单击【设置】，进入【合同设置】窗口，合同标的来源改为"存货"，单击【确定】，如图 7 – 9 所示。

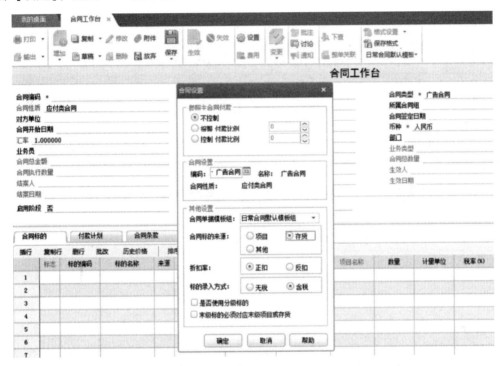

图 7 – 9

录入相应的合同信息。注意：表体存货选择"广告费"，数量"1"，税率"6%"，含税单价"300 000"，如图 7 – 10 所示。

图 7 – 10

录入完成后，单击【保存】—【生效】。

（2）合同结算单录入。进入【业务导航】—【业务工作】—【供应链】—【合同管理】—【合同结算】—【合同结算单】，打开合同结算单界面，如图 7 – 11 所示。

图 7 – 11

单击【增加】，下拉菜单选择"结算单"—"合同"，单击【参照】，选择"合同"，找到对应广告合同参照生成合同结算单，如图 7 – 12，图 7 – 13 所示。

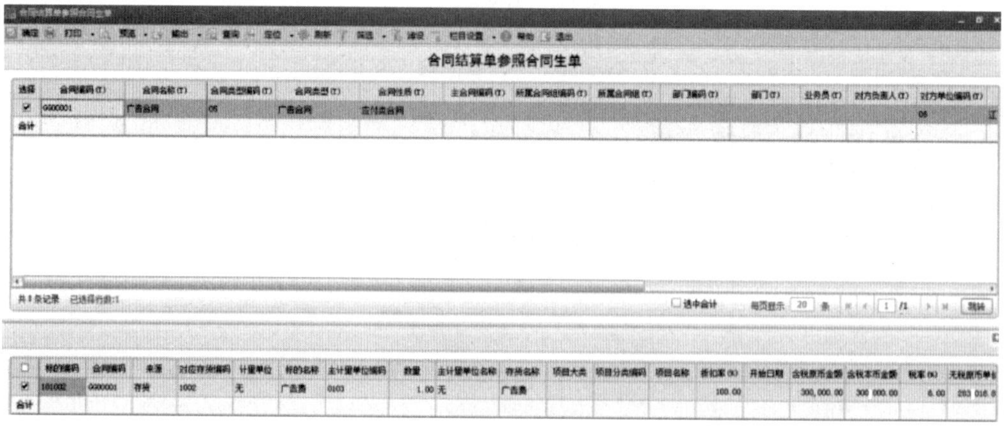

图 7 – 12

图 7 – 13

结算单生成后，点击【保存】—【生效】。

（3）合同结算单生成应付凭证。进入【业务导航】—【财务会计】—【应付款管理】—【应付处理】—【合同结算单】—【合同结算单审核】，查询出合同结算单，如图 7－14 所示。

图 7－14

打开合同结算单，审核并立即制单，如图 7－15 所示。

图 7－15

选择【是】生成应付记账凭证，如图 7－16 所示。

借：销售费用/广告费　　　　　　　283 018.87（部门选择产品策划部）

　　应交税费/应交增值税/进项税额　　　　　　　　18 981.13

　　贷：应付账款/应付货款　　　　　　　　　　　300 000.00

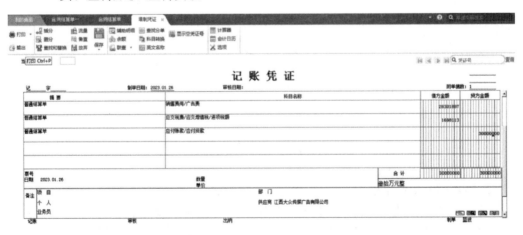

图 7－16

四、合同付款单申请

(一) 实训资料

2023 年 1 月 30 日,产品策划部的   向公司提交付款申请单,申请向江西大众传媒广告有限公司支付广告费 300 000 元。

(二) 实训步骤

1. 选项设置。

(1) 进入【业务导航】—【财务会计】—【应付款管理】—【设置】—【选项】,进入账套参数设置界面。点击【编辑】,选择"收付款控制",勾选"启用付款申请单""付款申请单审批后自动生成付款单","付款申请单来源"勾选"合同",如图 7 - 17 所示。

图 7 - 17

(2) 单击【确定】。

2. 合同付款申请单录入。

(1) 进入【业务导航】—【财务会计】—【应付款管理】—【付款申请】—【付款申请单录入】,进入付款申请单填制界面,点击【增加】,选择参照合同,如图 7 - 18 所示。

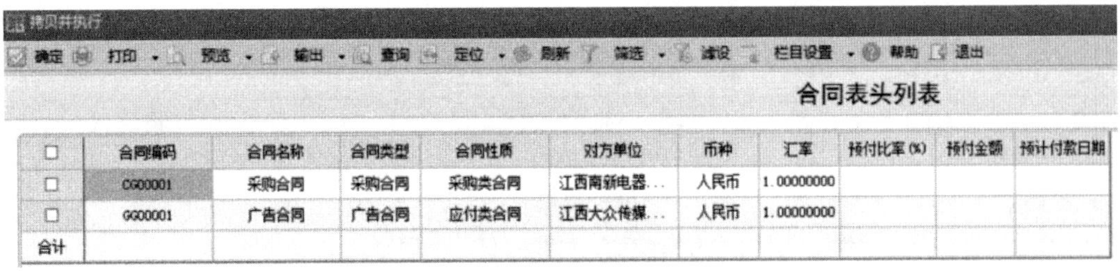

拷贝并执行

确定 打印 预览 输出 查询 定位 刷新 筛选 过滤 栏目设置 帮助 退出

合同表头列表

□	合同编码	合同名称	合同类型	合同性质	对方单位	币种	汇率	预付比率(%)	预付金额	预计付款日期
□	CG00001	采购合同	采购合同	采购类合同	江西南新电器...	人民币	1.00000000			
□	GG00001	广告合同	广告合同	应付类合同	江西大众传媒...	人民币	1.00000000			
合计										

图 7－18

（2）选择广告合同，下方表体的“本次申请金额”输入“300 000”，如图 7－19 所示。

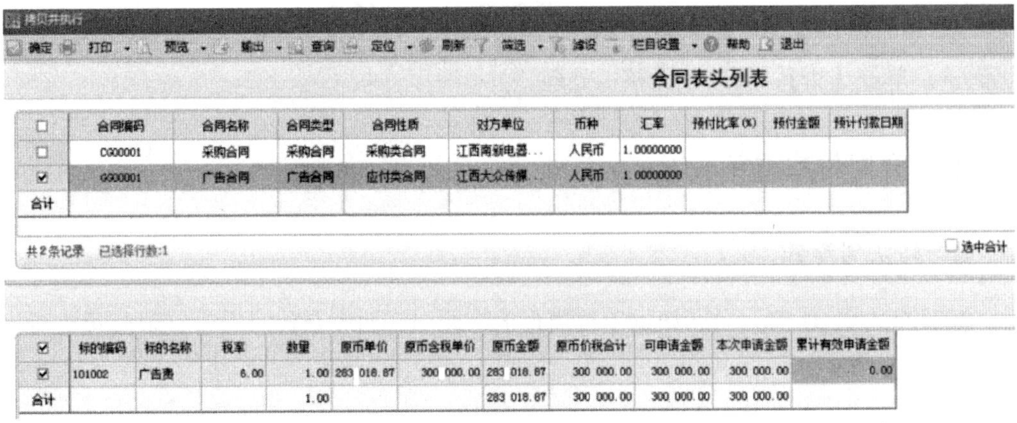

拷贝并执行

确定 打印 预览 输出 查询 定位 刷新 筛选 过滤 栏目设置 帮助 退出

合同表头列表

□	合同编码	合同名称	合同类型	合同性质	对方单位	币种	汇率	预付比率(%)	预付金额	预计付款日期
□	CG00001	采购合同	采购合同	采购类合同	江西南新电器...	人民币	1.00000000			
☑	GG00001	广告合同	广告合同	应付类合同	江西大众传媒...	人民币	1.00000000			
合计										

共2条记录　已选择行数:1　□选中合计

☑	标的编码	标的名称	税率	数量	原币单价	原币含税单价	原币金额	原币价税合计	可申请金额	本次申请金额	累计有效申请金额
☑	101002	广告费	6.00	1.00	283 018.87	300 000.00	283 018.87	300 000.00	300 000.00	300 000.00	0.00
合计				1.00			283 018.87	300 000.00	300 000.00	300 000.00	

图 7－19

（3）单击【确定】，系统将申请金额等信息带入付款单页面，表头结算方式为“网银转账”，表体录入“预计付款日期”“2023－01－31”，点击【保存】，如图 7－20 所示。

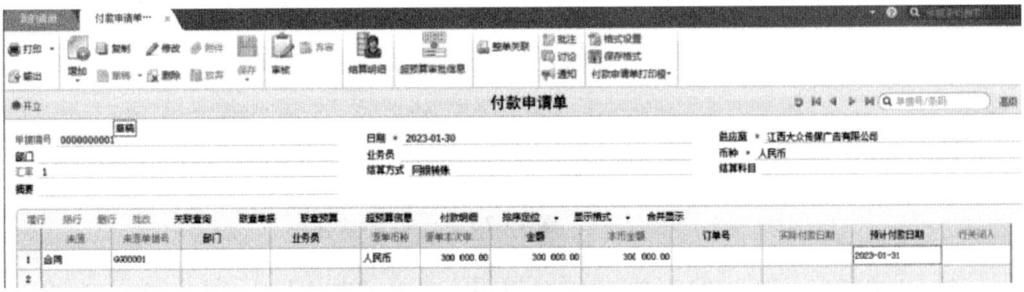

图 7－20

（4）点击【审核】，系统会提示“审核后生成 1 张付款单，是否继续进行付款核销?”，如图 7－21 所示。

图 7 - 21

（5）单击【否】，暂时不做核销处理。

五、合同付款结算

（一）实训资料

2023 年 1 月 31 日，公司根据审核通过的合同向江西大众传媒广告有限公司支付广告费 300 000 元。

（二）实训步骤

（1）付款单审核。进入【业务导航】—【财务会计】—【应付款管理】—【付款处理】—【付款单据审核】，点击【查询】，进入收付款单列表，如图 7 - 22 所示。

图 7 - 22

（2）生成凭证。双击进入付款单审核界面，点击【审核】生成付款的记账凭证，如图 7 - 23 所示。

借：应付账款/应付货款　　　　　　　　　　　　　　　　　300 000
　　贷：银行存款/工行存款　　　　　　　　　　　　　　　　　　　300 000

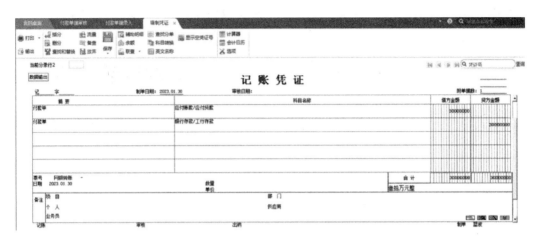

图 7 – 23

（3）付款单与合同结算单核销。

在付款单录入页面，单击【核销】，进入付款核销页面，在弹出的【核销条件】窗口中单据类型选择"合同结算单"，如图 7 – 24 所示。

图 7 – 24

在付款单和结算单的"本次结算"中输入"300 000"，点击【确认】，完成核销操作，如图 7 – 25 所示。

图 7 – 25

思 政 小 结

1. 通过本章的学习，要加强法治意识教育，要强化社会责任感的培养。

2. 要引导学生关注合同的公平性和合法性，让他们明白，合同不仅仅是自己的利益，更是社会和谐稳定的基石。

3. 要强调诚信、公正等品德对于合同的重要性。

第八章　采购管理

【学习目标】

1. 认知采购管理与应付款管理子系统的主要功能；
2. 领会采购管理与应付款管理子系统同其他子系统之间的关系；
3. 能根据实际采购业务选用合适的单据，并完成该单据在相应子系统中的操作；
4. 能快速查询采购管理与应付款管理子系统的相应单据或账表。

第一节　采购管理认知基础

采购管理主要通过对采购订货、货物验收入库、采购发票处理、付款处理、供应商往来核算、供货价格管控环节综合处理，及时、准确地提供完善的采购货物信息与供应商信息，帮助企业实现对采购物流和资金流的双向控制与跟踪。

一、采购管理的主要功能

采购管理主要功能包括初始设置、日常业务处理、信息查询和期末处理。通过这些功能可以帮助企业实现采购全流程的综合管理，以降低采购成本，提高资金使用效率。

（一）初始设置

采购管理的初始设置包括与采购有关的系统级初始设置，采购管理的控制参数设置、期初数据录入，以及应付款管理子系统的控制参数设置、科目设置和期初数据录入。用户应结合企业的采购业务和供应商管理需要，做好初始设置工作，为开展后续日常采购业务处理做好准备工作。

（二）日常业务处理

采购管理的日常业务处理主要是对企业采购过程中采购订单、购到货单、采购发票、付款单、商业汇票等单据进行处理，跟踪采购全过程，随时掌握采购动态及付款情况，对采购中发现的产品质量问题、损耗情况等现象，及时采取采购退货、追究责任等处理措施，合理安排付款，提高资金使用效率。

（三）信息查询

采购管理提供了丰富的信息查询功能，可以随时查询各种原始单据、采购统计表、采购分析表、应付款账龄分析及科目账等信息，帮助采购部门进行采购分析、财务部门合理安排资金的支出。

（四）期末处理

采购管理的期末处理主要包括汇兑损益处理、月末结账以及取消结账等工作。

二、采购管理和其他子系统之间的关系

采购管理与应付款管理子系统可以单独应用，也可以与销售管理子系统、库存管理子系统、存货核算子系统、应收款管理子系统集成应用。采购管理与应付款管理子系统和其他子系统集成应用时，各子系统之间相互传递单据和数据信息，实现各子系统的无缝衔接，保持资料的一致性和信息传递的高效性。

采购管理业务流程如图 8-1 所示。

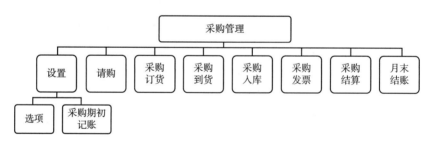

图 8-1

第二节　采购管理实训操作

一、询价

（一）实训资料

江西南新电器销售有限公司 2023 年 1 月发生如下采购询比价业务。

（1）2023 年 1 月 1 日，采购中心收到各部门提交的 A4 打印纸采购计划，如表 8-1 所示。

表 8 - 1

申请部门	采购物品	数量	计量单位
总经办	A4 打印纸	10	包
营运管理部	A4 打印纸	50	包
仓储物流部	A4 打印纸	50	包
资金核算部	A4 打印纸	50	包

因公司领导认为之前提供 A4 打印纸的供应商价格偏高,因此要求本次采购需先询价,询价供应商不少于三家,比价之后再确定供应商和采购价。

(2) 2023 年 1 月 1 日,采购员单玉丹分别向供应商"江西好孩子文具有限公司""江西鼎日商业有限公司""江西龙太连锁超市有限公司"进行电话询价,得到的回复如下。

江西好孩子文具有限公司报价:30 元/包(含税)。

江西鼎日商业有限公司报价:28 元/包(含税)。

江西龙太连锁超市有限公司报价:25 元/包(不含税)。

(3) 2023 年 1 月 2 日,采购员单玉丹将询价结果提交采购经理张云审批,采购经理张云根据比价情况,决定选择报价最低的供应商"江西鼎日商业有限公司",向其发出采购订单。

要求:在业财一体信息化平台采购管理模块中完成采购询价、比价以及采购比价审批业务处理。

(二) 实训步骤

1. 启用询价业务。

(1) 进入【U8 企业应用平台】—【业务工作】—【供应链】—【采购管理】—【设置】—【选项】,进入【采购系统选项】设置界面,如图 8 - 2 所示。

图 8 - 2

（2）勾选"启用询价业务"，单击【确定】。

2. 采购请购信息录入。

（1）进入【U8 企业应用平台】—【业务工作】—【供应链】—【采购管理】—【请购】—【请购单】，进入采购请购单录入页面，如图 8 – 3 所示。

图 8 – 3

（2）单击【增加】，在表体行输入采购物资"A4 打印纸"、数量"160"、需求日期"2023 – 01 – 02"，如图 8 – 4 所示。

图 8 – 4

3. 询价计划单生成。

（1）进入【U8 企业应用平台】—【业务工作】—【供应链】—【采购管理】—【采购询价】—【询价计划单】，进入询价计划单新增页面，如图 8 – 5 所示。

图 8 – 5

（2）单击【增加】按钮下的【采购请购单】，系统将请购单的信息自动代入"询价计划单"页面，如图 8 – 6 所示。

勾选请购单，单击【确定】，返回"询价计划单"页面，如图 8 – 7 所示。

图 8 - 6

图 8 - 7

（3）单击【保存】，单击【审核】，确认本次的询价计划。

4. 供应商报价单。

（1）进入【U8 企业应用平台】—【业务工作】—【供应链】—【采购管理】—【采购询价】—【供应商报价单】，进入询价计划单新增页面，如图 8 - 8 所示。

图 8 - 8

（2）单击【增加】，弹出查询条件，单击【确定】，系统进入"询价计划单"页面，选中上述第二步增加的询价计划单，如图 8 - 9 所示。

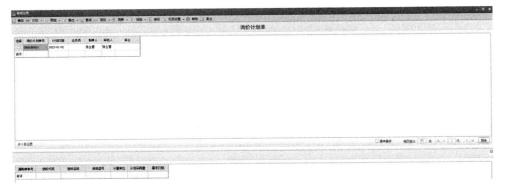

图 8 - 9

（3）单击【确定】，将询价计划单上的请购信息代入供应商报价单上，如图 8 - 10 所示。

图 8 - 10

（4）表头"供应商"选择"江西好孩子文具有限公司"，表体"原币含税单价"列输入"30"，如图 8 - 11 所示。

图 8 - 11

（5）单击【保存】，单击【审核】，确认报价信息。

重复以上步骤，将江西鼎日商业有限公司、江西龙太连锁超市有限公司的报价信息输入保存并审核（注意，江西龙太连锁超市有限公司的报价为原币单价 25 元，系统自动计算含税单价）。

5. 采购比价审批。采购员将询价结果提交采购经理审批，采购经理根据比价情况，决定选择报价最低的供应商"江西鼎日商业有限公司"，向其发出采购订单。

（1）进入【U8 企业应用平台】—【业务工作】—【供应链】—【采购管理】—【采购询价】—【采购比价审批单】，进入采购比价审批单新增页面，如图 8 - 12 所示。

图 8 - 12

（2）单击【增加】按钮下的【询价计划单】，弹出查询条件，单击【确定】，系统进"询价计划单"页面，选中询价计划单，如图 8 – 13 所示。

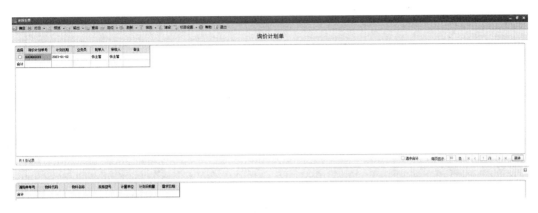

图 8 – 13

（3）单击【确定】，系统将三家供应商报价的信息代入表体行，如图 8 – 14 所示。

图 8 – 14

（4）表体行中选择"江西好孩子文具有限公司""江西龙太连锁超市有限公司"，单击【删行】，单击【保存】，如图 8 – 15 所示。

图 8 – 15

（5）双击选择"江西鼎日商业有限公司"，单击【审核】，单击【生成采购订单】，系统提示生成采购订单成功，如图 8 – 16 所示。

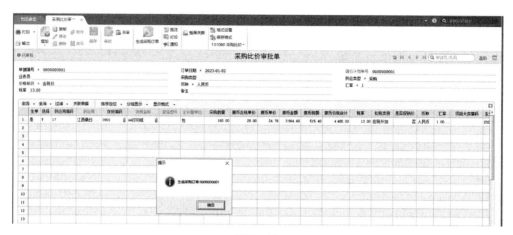

图 8-16

（6）查看生成的采购订单。进入【U8 企业应用平台】—【业务工作】—【供应链】—【采购管理】—【采购订货】—【采购订单列表】，单击【查询】，输入查询条件，单击【确定】，可以查看到系统生成的采购订单。

【重要提示】

供应商报价单只可以参照询价计划单生成，不可手工新增。

二、受托代销

（一）实训资料

江西南新电器销售有限公司 2023 年 1 月的受托代销业务如下。

（1）受托代销的相关设置。只有在建账套时"企业类型"选择"商业"或"医药流通"，系统才能处理受托代销业务。

采购管理：选项设置中勾选"启用受托代销""受托代销业务必有订单"两项。基础档案：存货档案中对于受托代销商品，商品属性必须选中"受托代销""采购""内销""外销"。

（2）2023 年 1 月 2 日，山东海贝电器制造公司与江西南新电器销售有限公司达成委托代销协议，由江西南新电器销售有限公司代销其"海贝空调"1 000 台。

（3）2023 年 1 月 3 日，江西南新电器销售有限公司收到山东海贝电器制造公司发来的"海贝空调"1 000 台，仓储物流部办理到货和入库手续，将该批商品入"商品仓"。

（4）2023 年 1 月 30 日，1 000 台"海贝空调"售罄，江西南新电器销售有限公司向山东海贝电器制造公司开具代销清单，山东海贝电器制造公司依据代销清单开具增值税专用发票。江西南新电器销售有限公司依据发票进行委托代销结算。

（二）实训步骤

1. 受托代销的相关设置。

（1）检查选项设置。进入【U8 企业应用平台】—【业务工作】—【供应链】—

【采购管理】—【设置】—【选项】，进入采购系统选项设置界面，如图 8 – 17 所示。

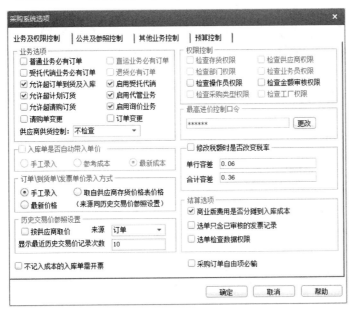

图 8 – 17

确认勾选"启用受托代销""受托代销业务必有订单"，单击【确定】。

（2）检查存货档案设置。进入【U8 企业应用平台】—【基础设置】—【基础档案】—【存货】—【存货档案】，选中"海贝空调"，单击【修改】，进入修改存货档案界面，如图 8 – 18 所示。

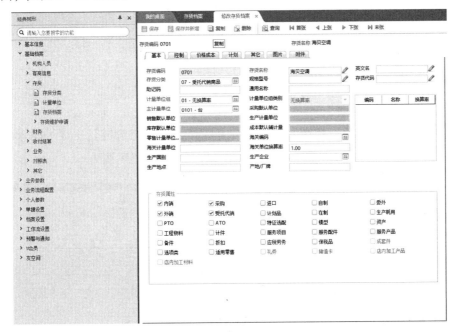

图 8 – 18

确认商品属性选中"受托代销""采购""内销""外销",单击【保存】。

2. 受托代销订单录入。

（1）进入【U8 企业应用平台】—【业务工作】—【供应链】—【采购管理】—
【采购订货】—【采购订单】,进入采购订单新增界面,如图 8 - 19 所示。

图 8 - 19

（2）单击【增加】—【空白单据】,表头项目:业务类型选择"受托代销",供
应商选择"海贝电器";表体项目:存货选择"海贝空调",数量输入"1 000",如
图 8 - 20 所示。

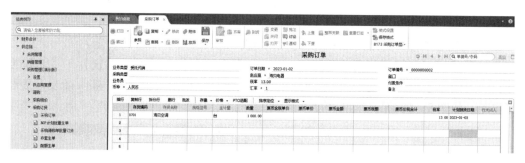

图 8 - 20

（3）单击【保存】,单击【审核】,确认受托代销订单信息。

3. 受托代销商品到货。

（1）进入【U8 企业应用平台】—【业务工作】—【供应链】—【采购管理】—
【采购到货】—【到货单】,进入到货单新增界面,如图 8 - 21 所示。

图 8 - 21

（2）单击【增加】—【采购订单】，选择受托采购订单，单击【确定】，将受托采购订单上的信息代入，表头项目：部门输入"仓储物流部"，如图 8 – 22 所示。

图 8 – 22

（3）单击【保存】，单击【审核】，确认受托代销商品到货信息。

4. 受托代销商品入库。

（1）进入【U8 企业应用平台】—【业务工作】—【供应链】—【库存管理】—【采购入库】—【采购入库单】，进入采购入库单新增界面，如图 8 – 23 所示。

图 8 – 23

（2）单击【增加】—【采购到货单】，将采购到货单的信息代入，表头项目：仓库选择"商品仓"，如图 8 – 24 所示。

图 8 – 24

（3）单击【保存】，单击【审核】，确认受托代销商品入库。

5. 受托代销商品结算。

（1）进入【U8 企业应用平台】—【业务工作】—【供应链】—【采购管理】—【采购结算】—【受托代销结算】，输入供应商编码"19"，进入受托代销结算界面，如图 8 - 25 所示。

图 8 - 25

（2）表头项目：发票类型选择"专用发票"，输入发票号"01847763"、税率"13"、表体项目：原币含税单价为"4 000"，如图 8 - 26 所示。

图 8 - 26

（3）单击【结算】，系统提示结算成功，自动生成受托结算单和采购发票。

（4）查看采购发票。进入【U8 企业应用平台】—【业务工作】—【供应链】—【采购管理】—【采购发票】—【采购发票列表】，输入查询条件，单击【确定】，可以看到受托结算生成的采购发票。

（5）审核采购发票。进入【U8 企业应用平台】—【业务工作】—【财务会计】—【应付款管理】—【应付处理】—【采购发票】—【采购发票审核】，查询条件的结算状态选择"全部"，进入待审核的采购发票列表，如图 8 - 27 所示。

双击要审核的发票，进入发票页面，将发票信息与供应商提供的增值税专用发票信息认真核对，信息无误，单击【审核】。

图 8 - 27

三、代管业务

(一) 实训资料

2023 年 1 月江西南新电器销售有限公司发生代管业务如下:

(1) 代管业务设置。

采购管理:选项设置中勾选"启用代管业务"。

基础档案:仓库设置中勾选"代管仓";存货档案增加代管商品,指定主要供应商和默认仓库。

代管消耗规则设置:库存管理—初始设置—代管消耗规则,设置哪些单据需要记入代管消耗。

(2) 2023 年 1 月 15 日,仓储物流部从代管仓中出库 10 台"小峰空调",通过其他出库单办理出库。

(3) 2023 年 1 月 30 日,江西南新电器销售有限公司对本月领用的商品进行汇总挂账,并交给江西广福电器制造有限公司确认。

(4) 2023 年 1 月 30 日,江西广福电器制造有限公司确认挂账数量,开具增值税专用发票,发票信息如表 8 - 2 所示。

表 8 - 2

发票日期	发票号	购买方	销售方	货物或应税劳务、服务名称	数量 (台)	金额 (元)	税额 (元)
2023 年 1 月 30 日	01945566	江西南新电器销售有限公司	江西广福电器制造有限公司	*空气调节器* *小峰空调	10	33 628. 32	4 317. 68

(5) 2023 年 1 月 30 日,江西南新电器销售有限公司取得发票后,将发票信息录入系统,并将发票与挂账单结算。

(6) 2023 年 1 月 30 日,应付会计审核采购发票,确认生成应付凭证。

要求:在业财一体信息化平台上完成代管业务处理。

(二) 实训步骤

1. 代管业务设置。

(1) 检查选项设置。进入【U8 企业应用平台】—【业务工作】—【供应链】—【采购管理】—【设置】—【选项】，进入采购系统选项设置界面，确认勾选"启用代管业务"，单击【确定】，如图 8 - 28 所示。

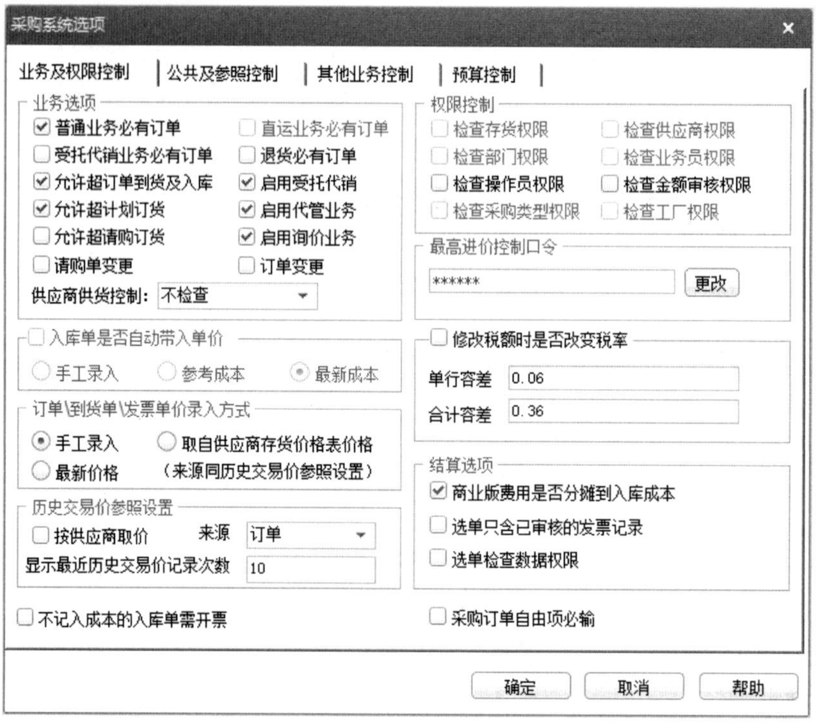

图 8 - 28

（2）检查仓库档案。进入【U8 企业应用平台】—【基础设置】—【基本档案】—【业务】—【仓库档案】，进入仓库档案列表，如图 8 - 29 所示。

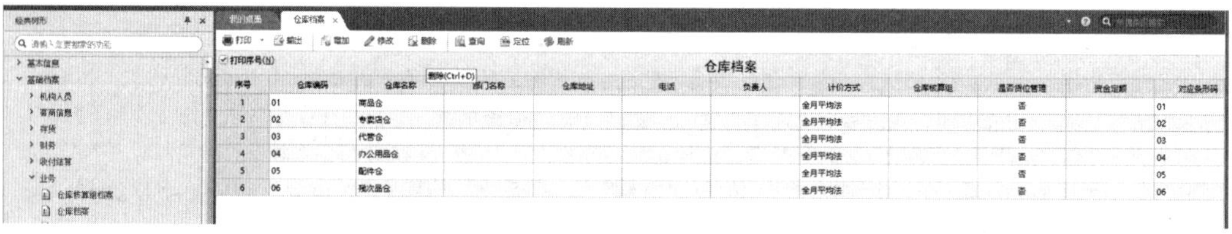

图 8 - 29

选中"代管仓"，单击【修改】，确认勾选"代管仓"。

（3）检查存货档案设置。进入【U8 企业应用平台】—【基础设置】—【基本档案】—【存货】—【存货档案】，双击存货分类"代管商品"下的"小峰空调"，单击"控制"页签，如图 8 - 30 所示。

确认主要供货单位选择"江西广福电器制造有限公司"，默认仓库为"代管仓"，单击【保存】。

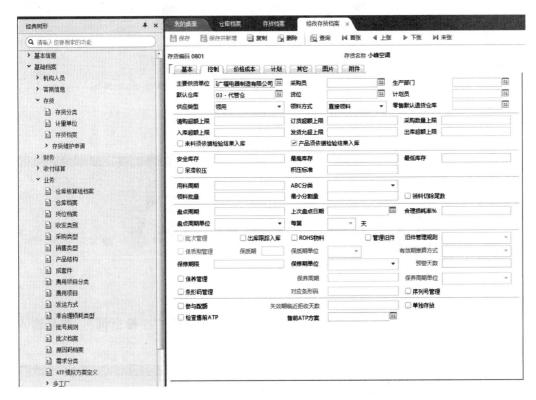

图 8 - 30

(4) 代管消耗规则设置。进入【U8 企业应用平台】—【业务工作】—【库存管理】—【设置】—【代管消耗规则】，设置"其他出库单"记入代管消耗，如图 8 - 31 所示。

单据类型	收发类别编码	收发类别名称	红蓝标识	系统预置	备注
销售出库单			蓝字	是	System
销售出库单			红字	是	System
材料出库单			蓝字	是	System
材料出库单			红字	是	System
其他出库单			蓝字		

代管消耗规则

图 8 - 31

2. 代管物资出库（其他出库）。

(1) 进入【U8 企业应用平台】—【业务工作】—【供应链】—【库存管理】—【其他出库】—【其他出库单】，进入其他出库单页面，如图 8 - 32 所示。

(2) 单击【增加】—【空白单据】，进入其他出库单新增页面，如图 8 - 33 所示。

图 8 – 32

图 8 – 33

表头项目：仓库选择"代管仓"，表体项目；存货选择"小峰空调"，数量输入"10"，如图 8 – 34 所示。

图 8 – 34

单击表体行上的"指定代管商"—"存货档案默认的供应商"，如图 8 – 35 所示。

图 8 – 35

（3）单击【保存】，单击【审核】，确认其他出库信息。

3. 代管挂账确认。

（1）进入【U8 企业应用平台】—【业务工作】—【供应链】—【采购管理】—【代管业务】—【代管挂账确认单】，进入代管挂账确认单新增页面，如图 8-36 所示。

图 8-36

（2）单击【增加】—【批量生单】，查询条件中选择"其他出库单"，单击【确定】，进入其他出库单列表，如图 8-37 所示。

图 8-37

（3）选择其他出库单，单击【确定】，将其他出库单的信息代入，弹出提示"代管挂账确认单批量生单完毕！其中 1 张成功，0 张失败"，如图 8-38 所示。

图 8-38

（4）单击【确定】，单击【审核】，确认代管挂账确认单的信息。

4. 采购发票录入。

（1）进入【U8 企业应用平台】—【业务工作】—【供应链】—【采购管理】—

【采购发票】—【专用发票】，进入专用发票新增页面，如图 8-39 所示。

图 8-39

（2）单击【增加】—【空白单据】，依据案例资料将发票内容输入，如图 8-40 所示。

图 8-40

单击【保存】，单击【复核】，确认采购发票信息。

5. 代管采购结算。

（1）进入【U8 企业应用平台】—【业务工作】—【供应链】—【采购管理】—【采购结算】—【手工结算】，单击【选单】，单击【查询条件】，默认条件确定，进入结算选发票列表页面，如图 8-41 所示。

图 8-41

（2）分别勾选发票和代管挂账确认单，单击【确定】，进入结算界面，如图 8 – 42 所示。

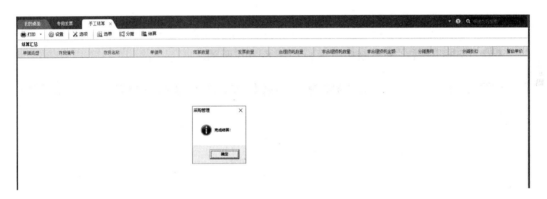

图 8 – 42

（3）单击【结算】，系统提示"完成结算！"，完成代管业务的结算，如图 8 – 43 所示。

图 8 – 43

6. 审核发票确认应付。

（1）进入【U8 企业应用平台】—【财务会计】—【应付款管理】—【应付处理】—【采购发票】—【采购发票审核】，单击【查询】，默认条件确认，进入采购发票列表页面，如图 8 – 44 所示。

图 8 – 44

（2）选择第三步中新增的采购发票，双击进入，按照案例中供应商提供的增值税税票信息逐项核查发票内容，若无误，则单击【审核】，系统提示"是否立即制单？"，如图 8 – 45 所示。

图 8 – 45

（3）单击【是】，进入制单页面，如图 8 – 46 所示。

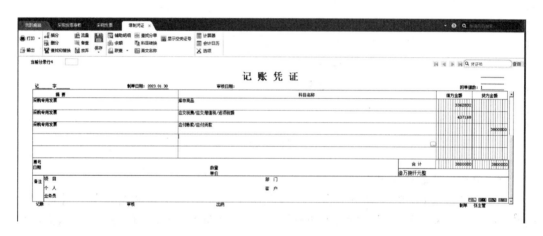

图 8 – 46

检查借贷方科目及金额是否正确无误，若无误，单击【保存】，生成凭证，传到总账系统中。

四、采购付款申请业务

（一）实训资料

江西南新电器销售有限公司的付款申请业务如下：

（1）2023 年 1 月 30 日，江西广福电器制造有限公司向江西南新电器销售有限公司进行应收催款，并承诺，若江西南新电器销售有限公司能在 1 月 31 日完成付款，可享受 2% 的现金折扣。

（2）2023 年 1 月 30 日，江西南新电器销售有限公司的采购员伟力提出付款申请，申请公司于 1 月 31 日支付江西广福电器制造有限公司应付款的 98% 为 "37 240 元"。

（3）2023 年 1 月 30 日，依据公司付款申请审批流程，采购经理与财务经理分别审批该付款申请，同意付款。

要求：在业财一体信息化平台上完成采购付款申请业务处理。

（二）实训步骤

1. 付款申请单录入。

（1）进入【U8 企业应用平台】—【财务会计】—【应付款管理】—【付款申请】—【付款申请单录入】，进入付款申请单录入界面，如图 8 – 47 所示。

图 8 – 47

（2）输入表头项目：供应商 "江西广福电器制造有限公司"，结算方式为 "网银转账"；表体项目：输入金额 "37 240"，预计付款日期 "2023 – 01 – 31"，如图 8 – 48 所示。

图 8 – 48

（3）单击【保存】，单击【提交】，将付款申请单提交审核。

2. 付款申请单审核。

（1）进入【U8 企业应用平台】—【财务会计】—【应付款管理】—【付款申请】—【付款申请单审核】，单击【查询】，默认查询条件确认，双击选中上一步新增的付款申请单，进入付款申请单页面，审核单据信息，若同意本次付款申请，则单击【审核】，单据下方出现审批视图，如图 8 – 49 所示。

图 8-49

（2）在审批视图处单击【同意】，付款申请单审核通过，并自动生成一张付款单，如图 8-50 所示。

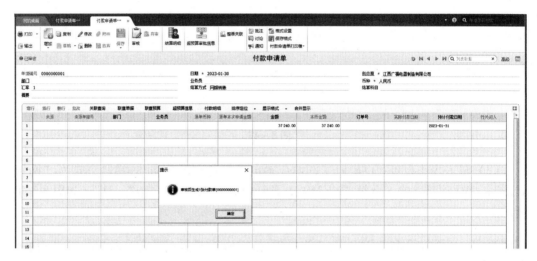

图 8-50

五、采购折扣

（一）实训资料

2023 年 1 月 31 日，江西南新电器销售有限公司通过网银转账支付江西广福电器制造有限公司的款项为"37 240 元"。付款回单信息如表 8-3 所示。

表 8-3

日期	金额	付款人	付款人银行信息	收款人	收款人银行信息
2023-1-31	37 240 元	江西南新电器销售有限公司	1100229999888896666 中国工商银行	江西广福电器制造有限公司	6221968999999450008 中国工商银行

2023 年 1 月 31 日，应付会计将付款单与采购发票进行核销，将应付江西广福电器

制造有限公司2%货款的"760元"作为现金折扣处理。

要求：在业财一体信息化平台上完成采购折扣业务处理，并进行财务处理，生成凭证。

（二）实训步骤

1. 付款申请相关设置。

（1）进入【U8企业应用平台】—【财务会计】—【应付款管理】—【设置】—【选项】，进入账套参数设置界面。

（2）单击【编辑】，单击"常规"页签，确认勾选"自动计算现金折扣"，如图8-51所示。

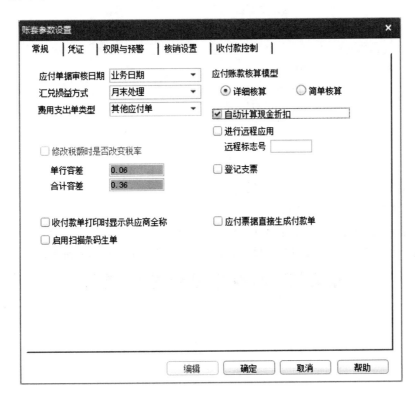

图8-51

（3）单击【确定】，确定选项设置。

2. 审核生成的付款单。

（1）进入【U8企业应用平台】—【财务会计】—【应付款管理】—【付款处理】—【付款单据审核】，单击【查询】，默认查询条件确认，进入收付款单据列表，如图8-52所示。

（2）双击要审核的单据，进入付款单页面，审核信息是否正确，若无误，则单击【审核】，系统提示"是否立即制单？"，如图8-53所示。

图 8 – 52

图 8 – 53

（3）单击【否】，暂不生成记账凭证。

3. 付款核销，确认本次采购折扣。

（1）进入【U8 企业应用平台】—【业务工作】—【财务会计】—【应付款管理】—【核销处理】—【手工核销】，弹出核销条件，如图 8 – 54 所示。

图 8 – 54

（2）输入供应商"江西广福电器制造有限公司"，单击【确定】，进入付款核销页面，写入本次结算金额与折扣金额，如图 8 - 55 所示。

图 8 - 55

（3）单击【确认】，确认本次核销操作。

4. 付款及核销生成凭证。

（1）进入【U8 企业应用平台】—【财务会计】—【应付款管理】—【凭证处理】—【生成凭证】，弹出"制单查询"框，如图 8 - 56 所示。

图 8 - 56

（2）勾选"收付款单"和"核销"，如图 8 - 57 所示。

图 8 - 57

（3）单击【确定】，进入应付列表页面，选中付款单和核销单，单击【合并】，如图 8 - 58 所示。

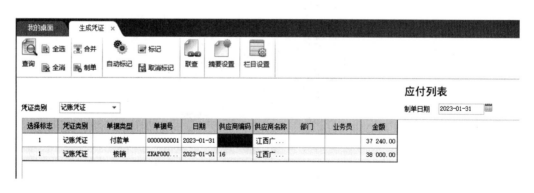

图 8 - 58

（4）单击【制单】，进入凭证生成页面。支付金额和应付款之间的差额"760 元"应计入财务费用，可以将这部分金额变成借方红字。

（5）单击【保存】，根据提示输入现金流量项目，再次单击【保存】，凭证保存成功，传到总账系统中。

六、采购退货退票

（一）实训资料

江西南新电器销售有限公司本月的退货业务如下。

（1）2023 年 1 月 2 日，公司发现上月从江西广福电器制造有限公司购进的小熊迷你加湿器有 50 台存在质量问题，经与对方协商后办理退货，退货价格按原采购价：78.51 元/台。

（2）2023 年 1 月 5 日，收到江西广福电器制造有限公司依据退货信息开具的红字销售发票，信息如表 8 - 45 所示。

表 8 - 4

发票日期	发票号	购买方	销售方	货物或应税劳务、服务名称	数量	金额	税额
2023 - 1 - 5	01837779	江西南新电器销售有限公司	江西广福电器制造有限公司	小熊加湿器	-50	-3 925.50	-510.32

（3）2023 年 1 月 5 日，收到江西广福电器制造有限公司网银转账的退货款 4 435.82 元。收款回单如表 8 - 5 所示。

表 8 - 5

日期	金额	付款人	付款人银行信息	收款人	收款人银行信息
2023 - 1 - 5	4 435.82 元	江西广福电器制造有限公司	4234232100153680000000 中国工商银行	江西南新电器销售有限公司	1100229999888896666 中国工商银行

要求：在业财一体信息化平台上完成退货退票业务处理，并进行财务处理，生成凭证。

（二）实训步骤

1. 录入采购退货单并审核。

（1）进入【U8 企业应用平台】—【业务工作】—【供应链】—【采购管理】—【采购到货】—【采购退货单】，进入采购退货单新增页面，如图 8 - 59 所示。

图 8 - 59

（2）单击【增加】—【空白单据】，新增退货信息，如图 8 - 60 所示。

图 8 - 60

（3）单击【保存】，单击【审核】，确认退货信息。

2. 生成红字采购入库单。

（1）进入【U8 企业应用平台】—【业务工作】—【供应链】【库存管理】—【采购入库】—【采购入库单】，进入采购入库单新增页面，如图 8 - 61 所示。

图 8 - 61

（2）单击【增加】—【采购】—【采购到货单（红字）】，参照第三步增加的采购退货单信息，将退货信息代入，输入表头的仓库为"商品仓"，如图 8 - 62 所示。

图 8 - 62

（3）单击【保存】，单击【审核】，系统生成红字采购入库单。数量为负数。

3. 录入红字采购发票。

（1）进入【U8 企业应用平台】—【业务工作】—【供应链】—【采购管理】—

【采购发票】—【红字专用发票】，单击【增加】—【空白单据】，依据案例资料将发票内容输入，如图 8 - 63 所示。

图 8 - 63

（2）单击【保存】，单击【复核】，确认红字专用发票信息。

4. 审核红字采购发票。

（1）进入【U8 企业应用平台】—【财务会计】—【应付款管理】—【应付处理】—【采购发票】—【采购发票审核】，单击【查询】，输入查询条件，进入采购发票列表，如图 8 - 64 所示。

图 8 - 64

（2）选择要审核发票，双击进入，审查发票信息，若无误，则单击【审核】系统提示"是否立即制单？"，单击【是】，进入制单页面，如图 8 - 65 所示。

图 8 - 65

检查借贷方科目及金额是否正确无误，若无误，单击【保存】，生成凭证，传到总账系统中。

5. 录入收款单。

（1）进入【U8 企业应用平台】—【财务会计】—【应付款管理】—【付款处理】—【付款单据录入】，在付款单据录入界面单击【收款单】按钮，即可进行收款单的录入，如图 8 - 66 所示。

图 8 - 66

（2）单击【增加】—【空白单据】，依据案例信息输入表头各项信息，如图 8 - 67 所示。

图 8 - 67

（3）单击【保存】，将收款单保存成功。

6. 收款单审核并生成凭证。

（1）进入【U8 企业应用平台】—【财务会计】—【应付款管理】—【付款处理】—【付款单据审核】，单击【查询】，默认条件确认，进入收付款单据列表，如图 8 - 68 所示。

（2）双击单据，进入收款单界面，单击【审核】，弹出"是否立即制单?"，如图 8 - 69 所示。

图 8 - 68

图 8 - 69

（3）单击【是】，进入凭证生成页面，如图 8 - 70 所示。

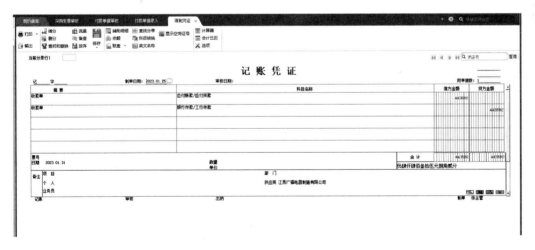

图 8 - 70

（4）单击【保存】，输入现金流量项目，凭证保存，传到总账系统中。

7. 退款与退货发票核销操作步骤同之前任务中的付款核销步骤，不再重复操作步骤，学生可自行完成。

思 政 小 结

1. 学生上网收集应付账款等相关案例，通过案例分析让学生意识到企业诚信的重要性。

2. 讨论"学习本项目后，通过收集应收应付项目审计案例，你对应收会计对于企业微观资金走向所承担的责任有何体会"。让学生意识到需要严谨细致、参与管理、职业判断的精神。

第九章　销售管理

【学习目标】

1. 认知销售管理与应收款管理子系统的主要功能；
2. 领会销售管理与应收款管理子系统同其他子系统之间的关系；
3. 能根据实际销售业务选用合适的单据，并完成该单据在相应子系统中的操作；
4. 能快速查询销售管理与应收款管理子系统的相应单据或账表。

第一节　销售管理认知基础

销售是企业生产经营成果的实现过程，是企业经营活动的中心。销售管理与应收款管理子系统是供应链管理系统的重要子系统，提供了销售报价、销售订货、销售发货、销售发票、收款、坏账处理等环节的综合处理，支持普通销售、委托代销、分期收款、直运销零售、销售调拨等多种类型的销售业务，并可对销售价格和信用进行实时监控，帮助企业实现对销售物流和资金流的双向控制与跟踪，以供企业制定有效的销售策略。

一、销售管理的主要功能

销售管理的主要功能包括与销售有关的初始设置、日常业务处理、账表查询及分析、期末处理。通过这些功能可以帮助企业掌握客户信息，促进销售，加速资金回笼。

（一）初始设置

销售管理的期始设置包括与销售有关的系统级初始设置，销售管理的控制参数设置、期初数据录入，以及应收管理的控制参数设置、科目设置和期初数据录入，用于为企业日常销售业务处理做好准备工作。具体内容以及操作在供应链管理系统初始设置中已经介绍，在此不再赘述。

（二）日常业务处理

供应链管理系统初始设置中已经介绍，在此不再赘述。销售管理期初数据录入用于为企业日常销售业务处理做好准备工作。销售管理子系统可以进行日常销售业务的处理，包括报价、订货、发货、开票等销售环节的业务处理；支持普通销售、委托代销、分期收款、直运、零售、销售调拨等多种类型的销售业务；可以进行现结、代垫费用、销售支出的业务处理；可以制订销售计划，对价格和信用进行实时监控。

应收款管理子系统可以处理涉及日常应收、收款业务的处理及查询工作，包括应收单据处理、收款单据处理、票据管理、核销、转账处理、制单、单据查询和账表管理及其他处理等操作。

（三）账表查询及分析

销售管理子系统提供了各种常见的销售业务统计表和销售分析表的查询功能，应收款管理子系统提供了业务总账、业务余额表、业务明细账、对账单的查询功能，基本涵盖了企业各种常规销售分析和往来管理分析需要的数据资料，以供销售决策和合理安排资金。

（四）期末处理

销售管理与应收款管理子系统的期末处理主要包括坏账准备计提、汇兑损益处理、月末结账以及取消结账等工作。

二、销售管理和其他子系统之间的关系

销售管理与应收款管理子系统可以单独应用，也可以与库存管理子系统、存货核算子系统、总账管理子系统集成应用。销售管理与应收款管理子系统和其他子系统集成应用时，各子系统之间可以相互传递单据和数据信息，实现各个子系统之间的无缝衔接，保持数据资料的一致性和信息传递的高效性。

销售管理业务流程如图 9-1 所示。

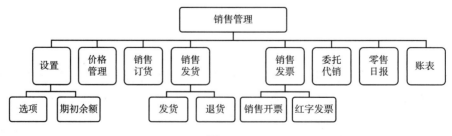

图 9-1

第二节　销售管理实训操作

一、选项设置

（一）实训资料

江西南新电器销售有限公司采购管理模块的期初信息设置如下：

（1）有零售业务、委托代销业务、分期收款业务、直运销售业务；

（2）要求普通销售业务必须有销售订单；

（3）按信用额度控制客户信用；

（4）对于个人客户只销售加湿器类产品。

要求：在业财一体信息化平台销售管理模块中进行业务控制和信用控制的销售参数设置、允限销设置等销售管理模块初始化设置。

（二）实训步骤

1. 销售参数设置。

（1）进入【U8 企业应用平台】—【业务工作】—【供应链】—【销售管理】—【设置】—【选项】，单击"业务控制"页签，按照案例要求，勾选"有零售日报业务""有委托代销业务""有分期收数业务""有直运销售业务"，勾选"普通销售必有订单"，如图 9-2 所示。

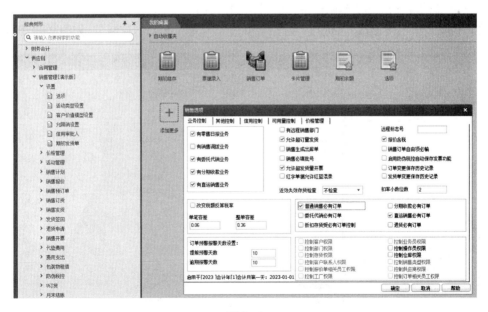

图 9-2

（2）单击"信用控制"，信用控制对象勾选"控制客户信用"，信用控制维度勾选

"只控制信用额度"，如图 9 - 3 所示。

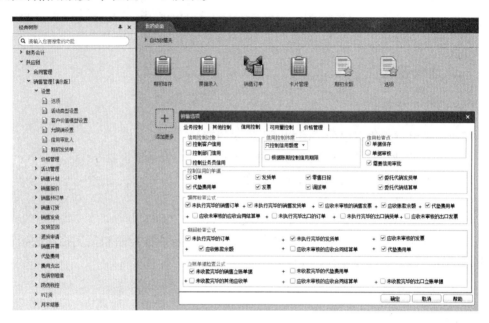

图 9 - 3

（3）单击【确定】，将设置的销售参数保存。

2. 允限销设置。

（1）将个人客户类别下的客户档案设置为"允限销控制"。进入【U8 企业应用平台】—【基础设置】—【基础档案】—【客商信息】—【客户档案】，选择个人客户下的客户档案，单击【修改】，选择"信用"页签，勾选"允限销控制"，如图 9 - 4 所示。

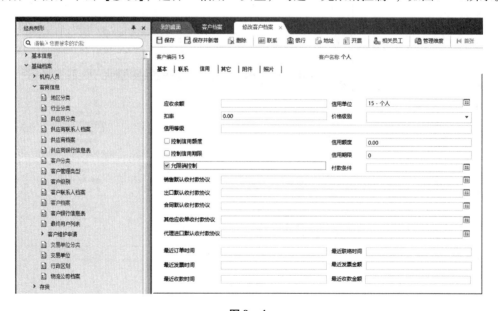

图 9 - 4

（2）在销售管理模块进行客户允限销商品设置。

①进入【U8 企业应用平台】—【业务工作】—【供应链】—【销售管理】—【设置】—【允限销设置】，进入允限销设置页面，如图 9 – 5 所示。

图 9 – 5

②单击【增加】，弹出窗口，在"客户"页签，将客户设置为"个人"，如图 9 – 6 所示。

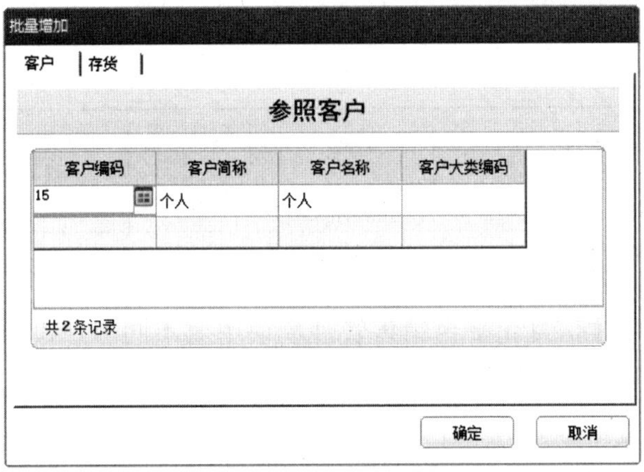

图 9 – 6

③在"存货"页签，将存货类别"加湿器"下的商品选入，如图 9 – 7 所示。

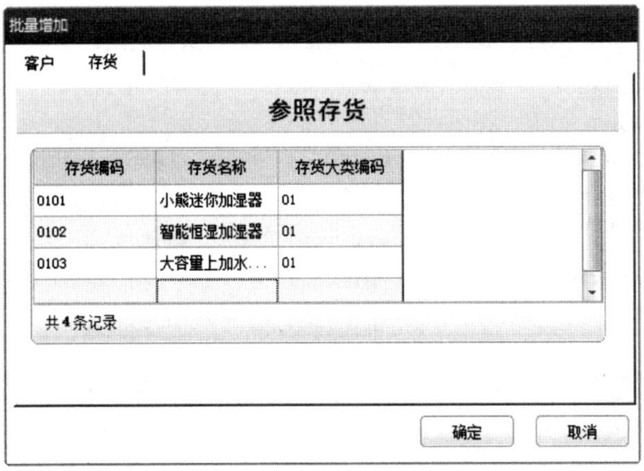

图 9 – 7

④单击【确定】，允限销设置完毕，如图9-8所示。

图 9 - 8

二、价格策略

(一) 实训资料

江西南新电器销售有限公司的价格策略如表9-1所示。

表 9 - 1

客户等级	客户	商品	数量下限（台）	成交价（元）	批量下限（台）	扣率（%）
一级经销商	江西芳格电器销售有限公司	小熊迷你加湿器	200	120	1 000	90
二级经销商	江西日驰电器销售有限公司	小熊迷你加湿器	100	130	500	95

要求：在业财一体信息化平台销售管理模块中对不同客户设置不同的价格策略，以便对不同等级客户进行个性化管理。

(二) 实训步骤

1. 设置销售选项。

(1) 进入【U8企业应用平台】—【业务工作】—【供应链】—【销售管理】—【设置】—【选项】，进入销售选项设置界面，如图9-9所示。

图 9 - 9

（2）单击【价格管理】，取价方式选择"价格政策"，价格参照过滤设置处勾选"使用批量打折"，其余选项按系统默认，如图 9 – 10 所示。

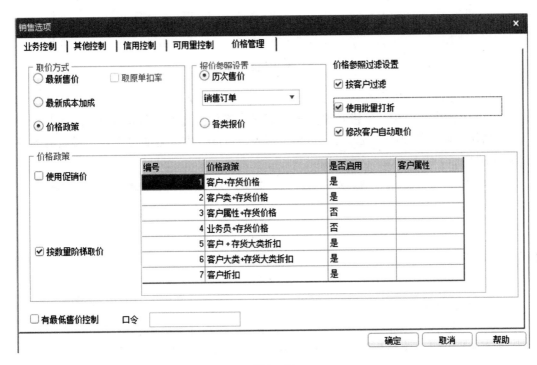

图 9 – 10

（3）单击【确定】，确认选项设置。

2. 新增客户调价单。

（1）进入【U8 企业应用平台】—【业务工作】—【供应链】—【销售管理】—【价格管理】—【客户价格】—【客户调价单】，进入客户调价单设置界面，如图 9 – 11 所示。

图 9 – 11

（2）单击【增加】—【空白单据】，在表体行输入客户档案、存货、数量下限和成交价，依据企业案例提供的信息输入，如图 9 – 12 所示。

（3）单击【保存】，单击【审核】，确认客户价格。

图 9 – 12

（4）查看设置的客户价格。进入【U8 企业应用平台】—【业务工作】—【供应链】—【销售管理】—【价格管理】—【客户价格】—【客户价格列表】，单击【查询】，默认查询条件确认，进入客户价格表列表，可以看到设置的每个客户对应的价格表，如图 9 – 13 所示。

图 9 – 13

3. 批量折扣设置。

（1）进入【U8 企业应用平台】—【业务工作】—【供应链】—【销售管理】—【价格管理】—【批量折扣】，进入批量折扣列表，如图 9 – 14 所示。

图 9 – 14

（2）在表体行输入客户、存货、数量、扣率，依据企业案例提供的信息输入，如图 9 – 15 所示。

图 9 – 15

（3）单击【保存】，批量折扣设置完成。

至此，案例企业的价格策略在系统中设置完毕。

4. 查看价格策略的执行效果。可以通过新增销售订单查看价格策略的执行情况。

（1）进入【U8 企业应用平台】—【业务工作】—【供应链】—【销售管理】—【销售订货】—【销售订单】，单击【增加】—【空白单据】，进入销售订单新增页面，如图 9 – 16 所示。

图 9 – 16

（2）表头项目：客户简称选择"江西芳格"；表体项目：存货选择"小熊迷你加湿器"，数量输入"1 000"，查看其报价应为"133.33"（注：报价 = 成交价 120/90%），含税单价为"108"（注：含税单价 = 成交价 120 × 扣率（100%）× 扣率 2（90%）），如图 9 – 17 所示。单击【保存】，将订单保存。

图 9 – 17

三、收取定金

（一）实训资料

江西南新电器销售有限公司的销售定金业务如下。

（1）2023 年 1 月 15 日，营销中心家电部经理贺红斌与易初莲花连锁超市有限公司签订购销协议，销售 10 000 台小熊迷你加湿器，每台含税单价 120 元，按销售额的 1% 收取销售定金。

（2）2023 年 1 月 18 日，收到易初莲花连锁超市有限公司支付的销售定金 12 000 元。收款回单信息如表 9 – 2 所示。

表 9 – 2

日期	付款人	付款人银行信息	收款人	收款人银行信息
2023 – 1 – 18	易初莲花连锁超市有限公司	434 – 839312637 中国工商银行	江西南新电器销售有限公司	1100229999888896666 中国工商银行

要求：在业财一体信息化平台上完成收取定金的销售业务，并进行财务处理，生成凭证。

（二）实训步骤

1. 销售订单格式修改。

（1）进入【U8 企业应用平台】—【业务工作】—【供应链】—【销售管理】—【销售订货】—【销售订单】，进入销售订单页面，如图 9 – 18 所示。

图 9 – 18

（2）单击【格式设置】，进入销售订单格式设置页面，如图 9 – 19 所示。

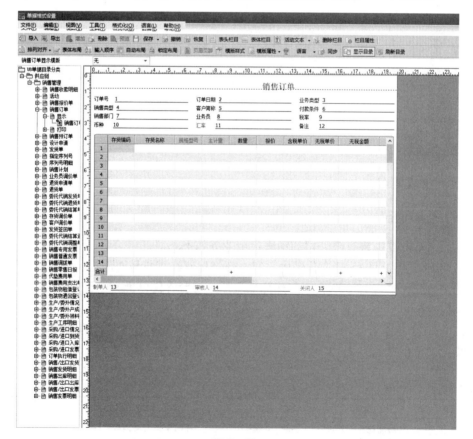

图 9 – 19

（3）单击【表头栏目】，进入销售订单表头项目设置界面，如图9-20所示。勾选"必有定金""定金比例""定金本币金额""定金累计实收原币金额"四个项目，单击【确定】。

图 9-20

（4）调整销售订单表头项目，将新增的"必有定金""定金比例""定金原币金额""定金累计实收本币金额"四个项目调整放置在订单表头最后一行的位置，如图9-21所示。

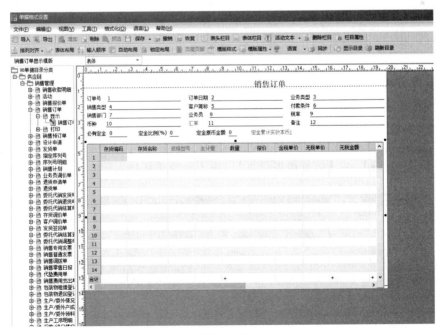

图 9-21

2. 销售订单新增，确定定金数额。

（1）进入【U8 企业应用平台】—【业务工作】—【供应链】—【销售管理】—【销售订货】—【销售订单】。单击【增加】—【空白单据】，进入销售订单新增页面，如图 9－22 所示。

图 9－22

（2）按照案例中提供的信息将表头表体项目输入，注意表头项目"必有定金"输入"是"。"定金比例"输入"1"，如图 9－23 所示。

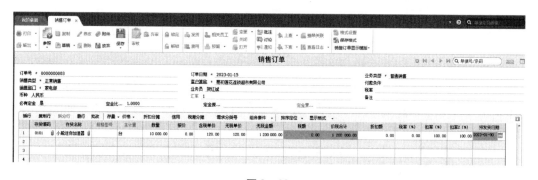

图 9－23

（3）单击【保存】，销售订单信息保存，同时系统自动计算出表头项目"定金本币金额"为"12 000"。

3. 收取定金，确认收款。

（1）进入【U8 企业应用平台】—【业务工作】—【财务会计】—【应收款管理】—【收款处理】—【收款单据录入】，进入收款单新增页面，如图 9－24 所示。

图 9－24

（2）单击【增加】—【销售定金】，系统弹出查询条件，默认确定，系统进入销售定金列表，如图 9 – 25 所示。

图 9 – 25

（3）选择上一步增加的销售订单，单击【确定】，系统自动将销售订单上的定金数额代入，如图 9 – 26 所示。

图 9 – 26

（4）补输表头项目：结算方式为"网银转账"，单击【保存】，将收款单保存。

（5）审核收款单，生成预收款凭证。在收款单页面，单击【审核】，系统弹出提示"是否立即制单?"，单击【是】，进入制单页面，如图 9 – 27 所示。

图 9 – 27

贷方科目输入"合同负债",单击【保存】,输入现金流量项目,再次单击【保存】,凭证生成成功,传到总账系统中。

4. 审核销售订单。

(1) 进入【U8 企业应用平台】—【业务工作】—【供应链】—【销售管理】—【销售订货】—【销售订单】单击【翻页】按钮,查找到第二步中新增销售定金的订单。

注意查看表头项目"定金累计实收本币金额",其金额为"12 000",为收款单审核后系统自动回写,如图 9-28 所示。

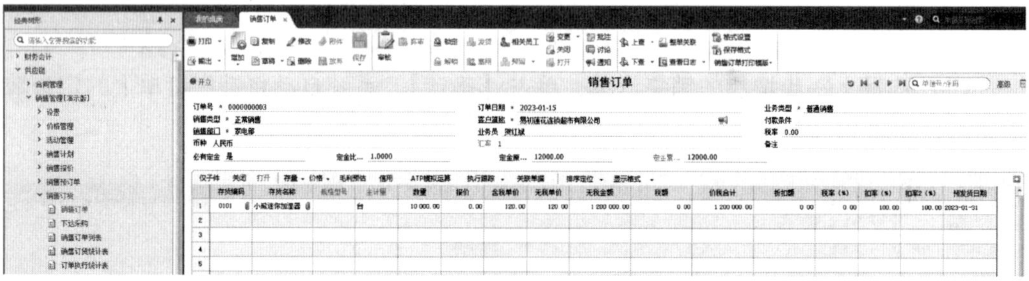

图 9-28

(2) 单击【审核】,销售订单审核通过。

四、零售日报

(一) 实训资料

江西南新电器销售有限公司 2023 年 1 月零售业务如下。

(1) 销售选项,启用零售日报业务。

(2) 2023 年 1 月 18 日,传统渠道部下辖的专卖店上报销售收入,销售商品所得共计 14 750 元。零售日报信息如表 9-3 所示。

表 9-3

产品品类	数量(台)	单价(元)	金额(元)
小熊迷你加湿器	30	120.00	3 600.00
智能恒温加湿器	10	180.00	1 800.00
大容量上加水加湿器	20	240.00	4 800.00
无叶风扇	10	280.00	2 800.00
暖风机	5	350.00	1 750.00

(3) 2023 年 1 月 18 日,专卖店上交销售收入,全部是现结,款项共计 14 750 元。

要求:在业财一体信息化平台上完成零售日报业务处理,并进行财务处理,生成凭证。

（二）实训步骤

1. 零售选项设置。销售选项，启用零售日报业务。进入【U8 企业应用平台】—【业务工作】—【供应链】—【销售管理】—【设置】—【选项】，进入销售选项设置页面，如图 9 - 29 所示。选择"有零售日报业务"。

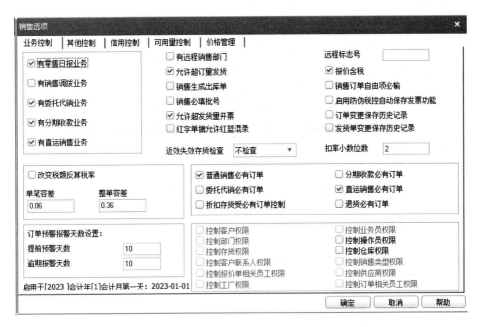

图 9 - 29

2. 零售日报处理。

（1）进入【U8 企业应用平台】—【业务工作】—【供应链】—【销售管理】—【零售日报】，进入零售日报新增页面，如图 9 - 30 所示。

图 9 - 30

（2）表头项目：客户输入"个人"，部门输入"传统渠道部"，其他项目依据案例提供的信息录入，如图 9 - 31 所示。

（3）单击【保存】，零售日报保存成功。

（4）单击【现结】，系统弹出现结页面，如图 9 - 32 所示。

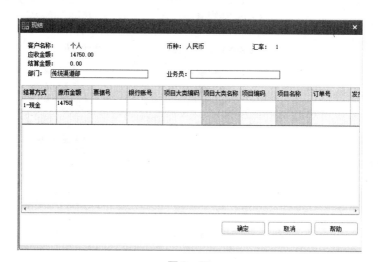

图 9 – 31

图 9 – 32

输入结算方式"现金",原币金额"14 750",单击【确定】,零售日报打上"现结"标志。

（5）单击【复核】，系统直接生成一张销售发货单和一张销售出库单。

3. 查看生成的发货单。进入【U8 企业应用平台】—【业务工作】—【供应链】—【销售管理】—【销售发货】—【发货单列表】，可以查询到零售日报生成销售发货单，如图 9 – 33 所示。

图 9 – 33

4. 查看生成的销售出库单。进入【U8 企业应用平台】—【业务工作】—【供应链】—【库存管理】—【销售出库】—【销售出库单列表】，可以查询到零售日报生成销售出库单。

5. 审核零售日报，生成确认收入的凭证。

（1）进入【U8 企业应用平台】—【业务工作】—【财务会计】—【应收款管理】—【销售发票】—【销售发票审核】，单击【查询】，默认条件确认，进入销售发票列表，如图 9-34 所示。

图 9-34

（2）选择单据类型为"销售零售日报"的那张单据，双击进入，单击【审核】，系统提示"是否立即制单？"，如图 9-35 所示。

图 9-35

（3）单击【是】，系统自动生成一张确认收入的凭证，单击【保存】之后，传到总账系统中。

五、委托代销

（一）实训资料

江西南新电器销售有限公司 2023 年 1 月委托代销业务如下。

（1）销售选项设置："有委托代销业务"。

（2）2023 年 1 月 16 日，电商渠道部经理王乐与江西大银电子商务有限公司签订委托代销合同，委托江西大银电子商务有限公司代销暖风机 1 000 台，含税单价 350 元/台，增值税税率 13%。

（3）2023 年 1 月 16 日，电商渠道部经理王乐确认委托代销的销售订单。

（4）2023 年 1 月 17 日，依据合同约定，对江西大银电子商务有限公司发货暖风机 1 000 台，发货仓库为"商品仓"。

（5）2023 年 1 月 31 日，收到江西大银电子商务有限公司开具的委托其代销暖风机 1 000 台的代销清单。

（6）2023 年 1 月 31 日，依据代销清单对江西大银电子商务有限公司开具增值税专用发票。

（7）2023 年 1 月 31 日，收到江西大银电子商务有限公司的销货款 350 000 元（暂未支付代销手续费）。

要求：在业财一体信息化平台上完成委托代销业务处理，并进行财务处理，生成凭证。

（二）实训步骤

1. 委托代销相关选项设置。

（1）销售选项设置："有委托代销业务"。进入【U8 企业应用平台】—【业务工作】—【供应链】—【销售管理】—【设置】—【选项】，进入销售选项页面，如图 9－36 所示。

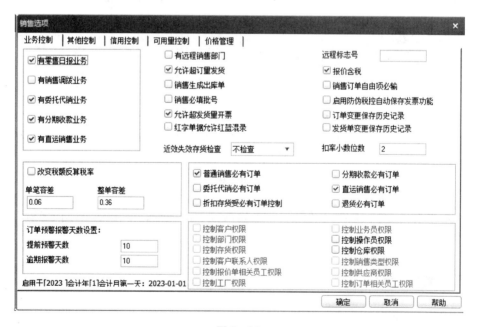

图 9－36

进入"业务控制"页签，确认勾选"有委托代销业务"。

（2）库存管理选项设置："有无委托代销业务"。进入【U8企业应用平台】—
【业务工作】—【供应链】—【库存管理】—【设置】—【选项】，进入库存选项页
面，如图9－37所示。

图 9 － 37

进入"通用设置"页签，确认勾选"有无委托代销业务"。

2. 录入委托代销订单。

（1）进入【U8企业应用平台】—【业务工作】—【供应链】—【销售管理】—
【销售订货】—【销售订单】，进入销售订单新增页面，如图9－38所示。

图 9 － 38

（2）按照案例资料输入订单的表头表体项，注意：表头项目"销售类型"选择
"委托代销"，如图 9 – 39 所示。

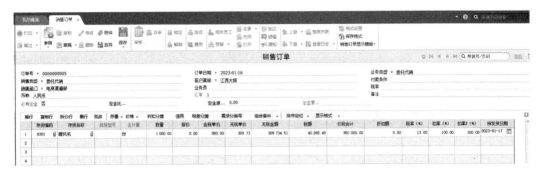

图 9 – 39

（3）单击【保存】，单击【审核】，确认委托代销订单信息。

3. 委托代销商品发货。

（1）进入【U8 企业应用平台】—【业务工作】—【供应链】—【销售管理】—
【委托代销】—【委托代销发货单】，进入委托代销发货单新增页面，如图 9 – 40 所示。

图 9 – 40

（2）单击【增加】—【订单】，参照上一步新增的委托代销订单信息发货，如图 9 –
41 所示。

图 9 – 41

（3）单击【保存】，单击【审核】，确认委托代销发货信息。

4. 委托代销商品销售出库。

（1）进入【U8 企业应用平台】—【业务工作】—【供应链】【库存管理】—【销售出库】—【销售出库单】，进入销售出库单新增页面，如图 9 - 42 所示。

图 9 - 42

（2）单击【增加】—【销售发货单】，查询条件中输入业务类型"委托代销"，参照上一步的委托代销发货单进行销售出库，表头项目仓库选择"商品仓"，如图 9 - 43 所示。

图 9 - 43

（3）单击【保存】，单击【审核】，确认委托代销商品出库。

5. 委托代销结算。

（1）进入【U8 企业应用平台】—【业务工作】—【供应链】—【销售管理】—【委托代销】—【委托代销结算单】，进入委托代销结算单新增页面，如图 9 - 44 所示。

图 9 - 44

（2）单击【增加】，系统自动弹出委托结算单，参照发货单的查询条件，单击【确认】，进入委托代销发货单列表，如图9-45所示。

图 9-45

（3）选择委托代销发货单，将其信息代入结算单页面，根据案例中代销客户提供的"商品代销结算清单"的信息，核对结算单各项数据，如图9-46所示。

图 9-46

（4）核对无误后，单击【保存】，保存结算单信息。

（5）单击【审核】，选择"专用发票"，系统自动生成一张销售专用发票。

6. 委托代销发票开具及审核。

（1）进入【U8企业应用平台】—【业务工作】—【供应链】—【销售管理】—【销售发票】—【销售发票列表】，单击【查询】，输入查询条件，可以查看到上一步中系统自动生成的销售专用发票，单击【复核】，如图9-47所示。

图 9-47

（2）审核销售发票。进入【U8 企业应用平台】—【业务工作】—【财务会计】—【应收款管理】—【应收处理】—【销售发票】—【销售发票审核】，查询条件的结算状态选择"全部"，进入待审核的销售发票列表，如图 9 - 48 所示。

图 9 - 48

双击要审核的发票，进入发票页面，单击【审核】。

（3）生成应收的记账凭证。弹出"是否立即生成凭证"的对话框，单击【是】，系统自动生成一张确认应收的记账凭证，如图 9 - 49 所示。

图 9 - 49

认真检查凭证上的科目与金额，若无误，单击【保存】，凭证保存成功，在凭证上打上"已生成"，凭证传到总账系统中。

7. 收款确认及核销。

（1）录入收款单。进入【U8 企业应用平台】—【业务工作】—【财务会计】—【应收款管理】—【收款处理】—【收款单据录入】，单击【增加】按钮，新增一张收款单，客户选择"江西大银"，结算方式选择"网银转账"，币种选择"人民币"，金额输入"350 000"，如图 9 - 50 所示。单击【保存】，将收款信息保存。

图 9 - 50

（2）审核收款单并生成凭证。

①在收款单页面，单击【审核】，弹出"是否立即制单?"，如图9-51所示。

图9-51

②单击【是】，生成记账凭证。

③单击【保存】，输入现金流向科目"销售商品、提供劳务收到的现金"，单击【保存】，在凭证上显示"已生成"，凭证传到总账系统中。

（3）收款核销。回到收款单页面，单击【核销】，将收款单和应收单进行核销，如图9-52所示。

图9-52

在下方的应收单的"本次结算"列输入本次结算金额"350 000"，单击【保存】，核销成功。

六、分期收款

（一）实训资料

江西南新电器销售有限公司与江西嘉中电器销售有限公司达成分期收款销售协议，2023年1月协议执行情况如下。

（1）销售选项，启用分期收款业务。

（2）2023年1月5日，销售员张小泉下达分期收款的销售订单，向江西嘉中电器销售有限公司销售智能恒湿加湿器5 000台，每台含税价180元。

（3）2023 年 1 月 5 日，仓储物流部办理商品发货，从商品仓发货 5 000 台智能恒湿加湿器。货物发出相当于委托代销出库，商品的所有权未转移。

（4）2023 年 1 月 25 日，江西嘉中电器销售有限公司通过网银转账支付第一期货款 360 000 元，为 2 000 台货物的价款。江西南新电器销售有限公司确认收款，开具销售发票，确认第一笔收入，同时确认 2 000 台商品所有权转移，结转第一笔收入相应的销售成本。

要求：在业财一体信息化平台上完成分期收款业务处理，并进行财务处理，生成凭证。

（二）实训步骤

1. 分期收款选项设置。

销售选项，启用分期收款业务。进入【U8 企业应用平台】—【业务工作】—【供应链】—【销售管理】—【设置】—【选项】，进入销售选项设置页面，确认勾选"有分期收款业务"，如图 9 – 53 所示。

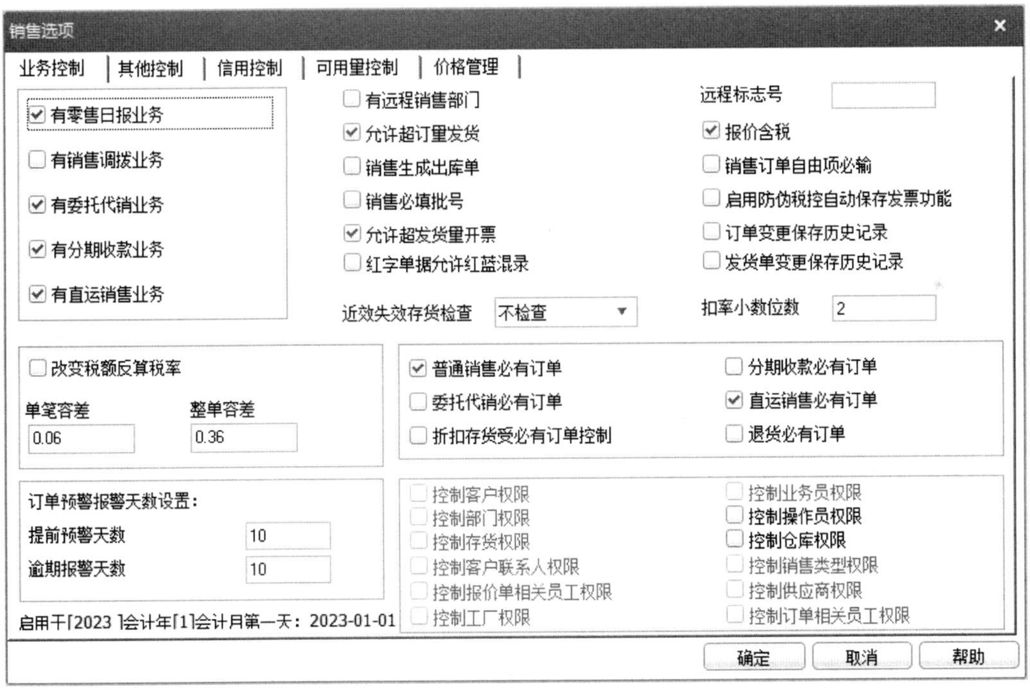

图 9 – 53

2. 分期收款订单录入。

（1）进入【U8 企业应用平台】—【业务工作】—【供应链】—【销售管理】—【销售订货】—【销售订单】，进入销售订单新增页面，如图 9 – 54 所示。

（2）单击【增加】—【空白单据】，表头的业务类型选择"分期收款"，按照案例资料输入分期收款订单的相关信息，如图 9 – 55 所示。

图 9－54

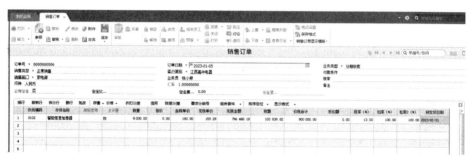

图 9－55

（3）单击【保存】，单击【审核】，订单录入完成。

3. 分期收款发货单制单。

（1）进入【U8 企业应用平台】—【业务工作】—【供应链】—【销售管理】—【销售发货】—【销售发货单】，进入销售发货单新增页面，如图 9－56 所示。

图 9－56

（2）单击【增加】—【订单】，业务类型选择"分期收款"，参照上一步新增的分期收款订单信息发货，如图 9－57 所示。

图 9－57

（3）选择"商品仓"，单击【保存】，单击【审核】。

4. 生成销售出库单。

（1）进入【U8 企业应用平台】—【业务工作】—【供应链】—【库存管理】—【销售出库】—【销售出库单】，进入销售出库单新增页面，如图 9 - 58 所示。

图 9 - 58

（2）单击【增加】—【销售发货单】，业务类型选择"分期收款"，参照上一步新增的分期收款发货信息出库，如图 9 - 59 所示。

图 9 - 59

（3）单击【保存】，单击【审核】。

5. 收到第一期货款。

（1）进入【U8 企业应用平台】—【业务工作】—【财务会计】—【应收款管理】—【收款处理】—【收款单据录入】，进入收款单新增页面，如图 9 - 60 所示。

图 9 - 60

（2）单击【增加】，按照案例资料输入相关信息，如图 9 – 61 所示。

图 9 – 61

（3）单击【保存】，单击【审核】，弹出"是否立即制单?"，单击【否】，暂不制单。

6. 生成分期收款销售发票。

（1）进入【U8 企业应用平台】—【业务工作】—【供应链】—【销售管理】—【销售开票】—【专用发票】，进入专用发票新增页面，如图 9 – 62 所示。

图 9 – 62

（2）单击【增加】—【发货单】，业务类型选择"分期收款"，参照上一步的发货信息制单，修改"数量"为"2 000"台，如图 9 – 63 所示。

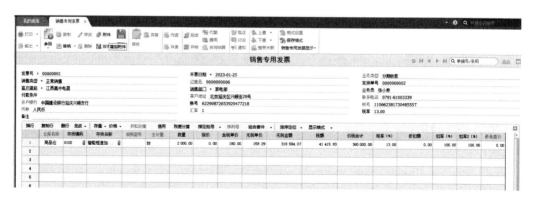

图 9 – 63

（3）单击【保存】，单击【复核】。

（4）在应收款管理模块审核销售发票。进入【U8 企业应用平台】—【业务工作】—【财务会计】—【应收款管理】—【销售发票】—【销售发票审核】。查询到相应的发票，双击进入，审核发票信息，如图 9 – 64 所示。

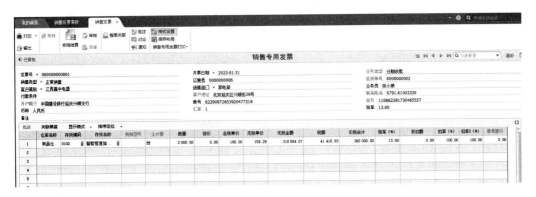

图 9 – 64

在弹出的"是否立即制单?"页面，单击【否】，暂不制单。

7. 收款单与发票核销。

（1）进入【U8 企业应用平台】—【业务工作】—【财务会计】—【应收款管理】—【核销处理】—【手工核销】，进入手工核销界面，输入核销条件，客户编号为"09"，如图 9 – 65 所示。

图 9 – 65

（2）单击【确定】，进入单据核销页面，如图 9 – 66 所示。

图 9 - 66

在下方单据表体"本次结算"列，输入结算金额"360 000"，单击【确认】，单据核销成功。

8. 生成凭证。

（1）进入【U8 企业应用平台】—【业务工作】—【财务会计】—【应收款管理】—【凭证处理】—【生成凭证】，进入制单查询页面，勾选"发票""收付款单""核销"，如图 9 - 67 所示。

图 9 - 67

（2）单击【确定】，进入生成凭证页面，单击【合并】，将三张单据合并制单，如图 9 - 68 所示。

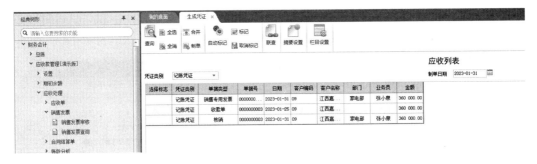

图 9 – 68

（3）单击【制单】，系统弹出生成的记账凭证，如图 9 – 69 所示。将凭证保存，传到总账系统中。

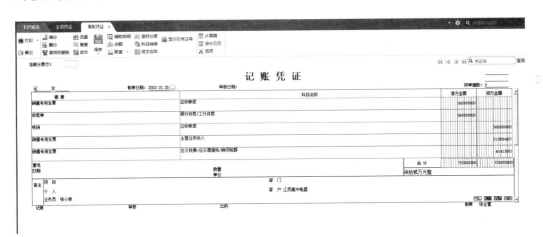

图 9 – 69

七、直运销售

（一）实训资料

（1）直运销售相关设置："有直运销售业务"和"直运销售必有订单"。

（2）江西南新电器销售有限公司 2023 年 1 月 28 日向江西星空电器销售有限公司销售负离子空气净化器 1 000 台，该货物直接从供应商江西广福电器制造有限公司发货。

（3）江西南新电器销售有限公司与江西星空电器销售有限公司达成的售价为含税价 1 500 元/台。与江西广福电器制造有限公司达成的采购价为含税价 1 300 元/台。

要求：在业财一体信息化平台上完成直运销售业务处理，并进行财务处理，生成凭证。

（二）实训步骤

1. 直运销售相关设置。

（1）进入【U8 企业应用平台】—【业务工作】—【供应链】—【销售管理】—

【设置】—【选项】，在"业务控制"页签，勾选"有直运销售业务"和"直运销售必有订单"，如图9-70所示。

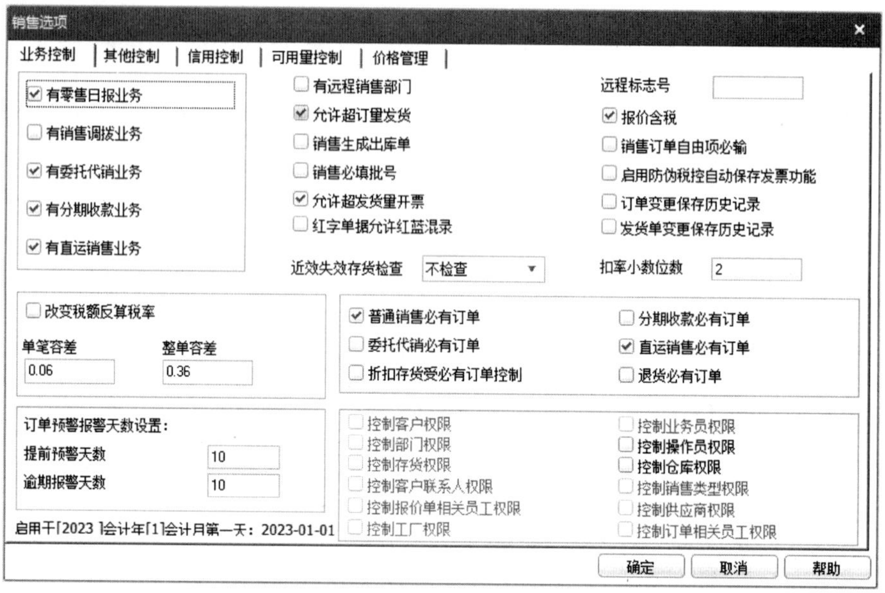

图9-70

（2）进入【U8企业应用平台】—【业务工作】—【供应链】—【采购管理】—【设置】—【选项】，在"业务及权限控制"页签，将"直运业务必有订单"选中且置灰不可改，如图9-71所示。

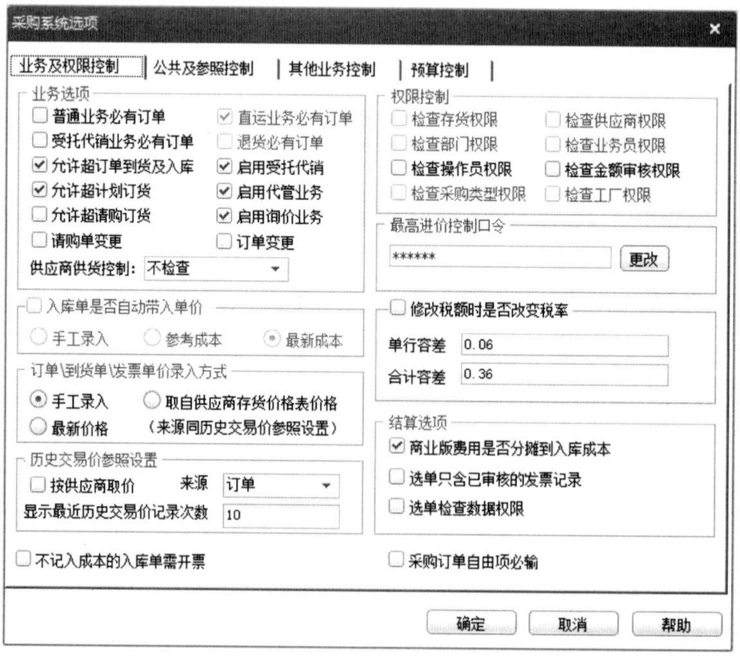

图9-71

2. 直运销售订单录入。

（1）进入【U8 企业应用平台】—【业务工作】—【供应链】—【销售管理】—【销售订货】—【销售订单】。单击【增加】—【空白单据】，进入销售订单新增页面，如图 9-72 所示。

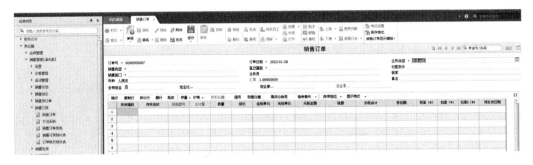

图 9-72

（2）按照案例资料输入相关信息，业务类型选择"直运销售"，如图 9-73 所示。

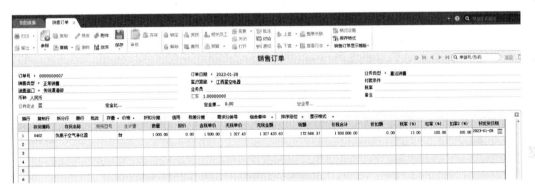

图 9-73

（3）单击【保存】，单击【审核】。

3. 直运采购订单生成。

（1）进入【U8 企业应用平台】—【业务工作】—【供应链】—【采购管理】—【采购订货】—【采购订单】，进入采购订单新增界面，如图 9-74 所示。

图 9-74

（2）单击【增加】—【销售订单】，参照上一步新增的销售订单信息，补充其他信息，如图9-75所示。

图9-75

（3）单击【保存】，单击【审核】。

4. 直运销售发票生成。

（1）进入【U8企业应用平台】—【业务工作】—【供应链】—【销售管理】—【销售开票】—【专用发票】，进入专用发票新增页面。单击【增加】—【订单】，查询条件中业务类型选择"直运销售"，如图9-76所示。

图9-76

（2）将直运订单的信息代入销售发票页面，如图9-77所示。

（3）单击【保存】，单击【复核】。

图 9 – 77

5. 直运采购发票生成。

（1）进入【U8 企业应用平台】—【业务工作】—【供应链】—【采购管理】—【采购发票】—【专用发票】，进入专用发票新增页面，如图 9 – 78 所示。

图 9 – 78

（2）单击【增加】—【订单】，参照上一步新增的采购订单，如图 9 – 79 所示。

图 9 – 79

（3）单击【保存】，单击【复核】。

思 政 小 结

通过销售管理与应收款管理的日常业务处理，让学生了解细节的重要性，既要培养学生谨慎仔细、专注认真、循序渐进的精神品质，也要培养学生诚信、责任与合作等价值观。

第十章 库存管理

【学习目标】

1. 认知库存管理的主要功能；
2. 领会库存管理子系统同其他子系统之间的关系；
3. 完成产品入库、材料出库盘点等业务在相关子系统中的操作；
4. 能快速查询库存管理子系统中的相应单据或账表。

第一节 库存管理认知基础

一、库存管理日常业务

　　库存管理子系统是供应链的组成部分之一，能够满足采购入库、销售出库、产成品入库、材料出库、其他出入库、盘点管理等业务需要，提供仓库货位管理、批次管理、保质期管理、出库跟踪入库管理、可用量管理、序列号管理等全面的业务应用。库存管理子系统可以单独使用，也可以与采购管理、进口管理、委外管理、销售管理、出口管理、质量管理、cSP 质量管理、存货核算、售前分析、成本管理、预算管理、项目成本、商业智能、主生产计划、需求规划、车间管理、生产订单、物料清单、设备管理、售后服务、零售管理等集成使用，发挥更加强大的应用功能。库存管理业务流程如图 10 - 1 所示。

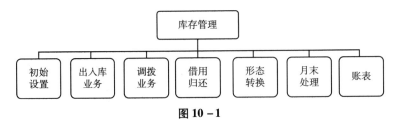

图 10 - 1

二、库存管理输出账表

库存管理子系统可输出库存相关的各类账表，包括现存量查询、出入库流水账、库存台账、代管账、不合格品备查簿、呆滞积压备查簿、供货单位收发存汇总表、入库跟踪表。

三、库存管理月末结账

月末结账是将每月的出入库单据逐月封存，并将当月的出入库数据记入有关账表中的过程。如果库存管理子系统和采购管理子系统、委外管理子系统、销售管理子系统集成使用，只有在采购管理子系统、委外管理子系统、销售管理子系统结账后，库存管理子系统才能进行结账。如果库存管理子系统和存货核算集成使用，必须在存货核算月末结账或取消结账后，库存管理子系统才能取消结账。

第二节　库存管理实训操作

一、调拨业务

（一）实训资料

江西南新电器销售有限公司 2023 年 1 月的调拨业务如下。

（1）2023 年 1 月 14 日，营销中心传统渠道部经理申请向专卖店仓调货 1 000 件小熊迷你加湿器。

（2）2023 年 1 月 15 日，仓储物流部将 1 000 件小熊迷你加湿器从商品仓调入专卖店仓。

（3）2023 年 1 月 30 日，财务部依据调拨单核算出库成本并生成记账凭证。

要求：在业财一体信息化平台上完成产品调拨业务处理，并按照实际选择的计价方式进行财务处理，生成凭证。

（二）实训步骤

1. 新增调拨单并审核。

（1）进入【U8 企业应用平台】—【业务工作】—【供应链】—【库存管理】—【调拨业务】—【调拨单】，进入调拨单新增页面，如图 10-2 所示。

图 10-2

（2）按照案例资料输入相关信息，如图 10 - 3 所示。

图 10 - 3

（3）单击【保存】，单击【审核】。

2. 查看生成的其他出库单、其他入库单。

（1）查看其他出库单。进入【U8 企业应用平台】—【业务工作】—【供应链】—【库存管理】—【其他出库单列表】，单击【查询】，输入查询条件，查看生成的其他出库单，如图 10 - 4 所示。

图 10 - 4

（2）查看其他入库单。进入【U8 企业应用平台】—【业务工作】—【供应链】—【库存管理】—【其他入库单列表】，单击【查询】，输入查询条件，查看生成的其他入库单，如图 10 - 5 所示。

图 10 - 5

3. 对调拨单进行记账。

（1）进入【U8 企业应用平台】—【业务工作】—【供应链】—【存货核算】—

【记账】—【特殊单据记账】，单击【查询】，相关资料设置由系统默认，单击【确定】，如图 10 - 6 所示。

图 10 - 6

（2）选择上一步中新增的单据，单击【记账】，如图 10 - 7 所示。

图 10 - 7

（3）显示"记账成功。"，单击【确定】。

4. 调拨单生成凭证。

（1）进入【U8 企业应用平台】—【业务工作】—【供应链】—【存货核算】—【凭证处理】—【生成凭证】，进入凭证生成页面，如图 10 - 8 所示。

图 10 - 8

（2）单击【选单】，进入查询页面，按照默认条件，单击【确定】，如图 10 - 9 所示。

（3）选择"其他出库单"或"其他入库单"，单击【确定】，如图 10 - 10 所示。

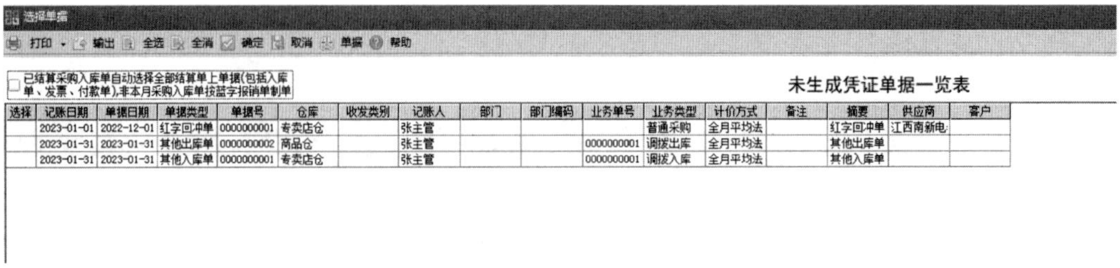

图 10 - 9

图 10 - 10

（4）单击【合并制单】，生成凭证，如图 10 - 11 所示。

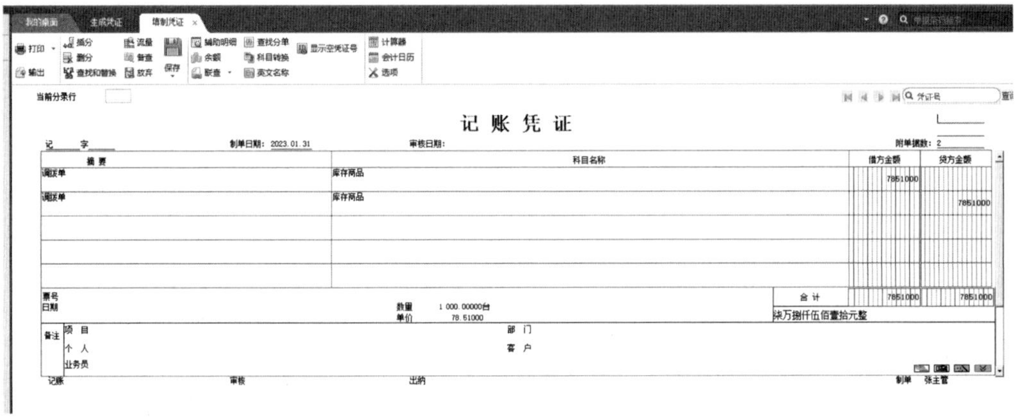

图 10 - 11

（5）单击【保存】。

二、借入借出

（一）实训资料

江西南新电器销售有限公司 2023 年 1 月的借出业务如下。

（1）借出单相关选项设置：勾选其他业务下的"借出借用单审核自动出库"。

（2）2023 年 1 月 5 日，江西瑞诚电器销售有限公司向公司借用智能空气净化器一台，作为样品展览，预计的归还日期为 2023 年 3 月 30 日。

（3）2023 年 1 月 30 日，江西瑞诚电器销售有限公司与公司协议确定，借出的智能空气净化器转销售处理。

要求：在业财一体信息化平台上完成产品借出业务处理，生成凭证。

（二）实训步骤

1. 借出单相关选项设置。

（1）进入【U8 企业应用平台】—【业务工作】—【供应链】—【库存管理】—【设置】—【选项】，单击"专用设置"页签，勾选其他业务下的"借出借用单审核自动出库"，如图 10－12 所示。

图 10－12

（2）单击【确定】，保存设置。

2. 新增借出借用单。

（1）进入【U8 企业应用平台】—【业务工作】—【供应链】—【库存管理】—【借出业务】—【借出借用单】，单击【增加】—【空白单据】，进入单据新增页面，按照案例信息，输入表头表体信息，仓库名称选择"商品仓"，如图 10－13 所示。

图 10 - 13

（2）单击【保存】，单击【审核】。

3. 参照生成借出转换单。

（1）进入【U8 企业应用平台】—【业务工作】—【供应链】—【库存管理】—【借出业务】—【借出转换单】，进入单据新增页面，如图 10 - 14 所示。

图 10 - 14

（2）单击【增加】—【借出转销售】，参照借出借用单生成单据信息，如图 10 - 15 所示。

图 10 - 15

（3）单击【保存】，单击【审核】，如图 10 - 16 所示。

图 10 – 16

（4）单击【确定】。

4. 查看生成销售发货单。

（1）进入【U8 企业应用平台】—【业务工作】—【供应链】—【销售管理】—【销售发货】—【发货单】，进入单据新增页面，如图 10 – 17 所示。

图 10 – 17

（2）单击翻页键，查看该发货单信息。

三、产品形态转换

（一）实训资料

江西南新电器销售有限公司的商品仓在 2023 年 1 月 15 日遭受大风暴雨，仓库进水。

2023 年 1 月 16 日，库存主管在做存货盘点时，发现商品仓的"无叶风扇"有 10 台被水浸泡，无法开机使用。

2023 年 1 月 30 日，报经上级审批后，损坏的风扇作为残次品处理，转入残次品仓。

要求：在业财一体信息化平台上完成产品形态转换业务处理，生成凭证。

（二）实训步骤

1. 新增形态转换单并审核。

（1）进入【U8 企业应用平台】—【业务工作】—【供应链】—【库存管理】—【形态转换】—【形态转换单】，如图 10－18 所示。

图 10－18

（2）按照案例信息输入表头表体项目，如图 10－19 所示。

图 10－19

（3）保存单据并审核。

2. 查看生成的其他出库单、其他入库单。

（1）查看其他出库单。进入【U8 企业应用平台】—【业务工作】—【供应链】—【库存管理】—【其他出库单列表】。单击【查询】，输入查询条件，查看生成的其他出库单，如图 10－20 所示。

图 10－20

（2）查看其他入库单。进入【U8 企业应用平台】—【业务工作】—【供应链】—【库存管理】—【其他入库单列表】，单击【查询】，输入查询条件，查看生成的其他入库单，如图 10 – 21 所示。

图 10 – 21

思 政 小 结

通过库存管理子系统的日常业务处理，提高学生的科学知识技能，精益求精，提升专业胜任能力，形成严谨细致的职业精神。通过案例教学，让学生意识到当前有很多企业看起来生产、销售等运营非常好，却忽略了这是以高库存为代价，高库存意味着高成本，最终导致利润降低甚至破产，培养学生成本控制意识、强国意识以及激发学生职业责任感。

第十一章　存货核算

【学习目标】

1. 认知存货核算子系统的主要功能；
2. 领会存货核算子系统同其他子系统之间的关系；
3. 恰当地运用系统对应功能，完成各种单据记账和生成凭证的操作；
4. 能快速查询存货核算子系统的相应单据或账表。

第一节　存货核算认知基础

一、存货核算日常业务

存货核算是企业会计核算的一项重要内容，是指对企业存货价值（即成本）的计量，用于企业存货出入库核算、存货出入库凭证处理、核算报表查询、期初期末处理及相关资料维护。进行存货核算，可以正确计算存货购入成本，促使企业努力降低存货成本，也能反映和监督存货的收发、领退和保管情况，反映和监督存货资金的占用情况，促使企业提高资金的使用效果。

用友 U8 的存货核算提供以下功能：按部门、按仓库、按存货核算；提供六种计价方式，满足不同存货管理的需要；为不同的业务类型提供成本核算；进行出入库成本调整，处理各种异常；计划价/售价调整；存货跌价准备提取；自动形成完整的存货账簿；符合业务规则的凭证自动生成；查询统计功能。存货核算业务流程如图 11 - 1 所示。

图 11 - 1

二、存货核算月末结账

执行"业务核算"的"月末结账"功能，完成存货核算的结账，结账后本月不能再填制单据。结账前应检查本会计月工作是否已全部完成，只有在当前会计月所有工作全部完成的前提下，才能进行月末结账。

如果与采购管理子系统、库存管理子系统、销售管理子系统、委外管理子系统集成使用，必须在以上子系统结账后，存货核算子系统才能进行结账。12 月结账后，系统会结转本会计年度的期末结存余额，作为新会计年度的期初余额，包括库存商品、发出商品、委托代销发出商品、直运销售明细账。

第二节　存货核算实训操作

一、实训资料

2023 年 1 月 30 日，江西南新电器销售有限公司的财务会计在进行存货清查时，发现仓库有大批暖风机，由于冬季已过，该批商品被判定为滞销商品。

报经公司高层审批后，该批暖风机 1 000 台将作为反季商品促销，以低于成本价的价格每台含税价 120 元销售。

2023 年 1 月 30 日，财务会计对该批存货计提存货跌价准备。

要求：在业财一体信息化平台上完成按仓库或按产品计提跌价准备业务，并进行财务处理，生成记账凭证。

二、实训步骤

1. 跌价准备设置。

（1）进入【U8 企业应用平台】—【业务工作】—【供应链】—【存货核算】—【跌价准备】—【跌价准备设置】，单击【增加】，进入设置界面，如图 11 - 2 所示。

图 11 - 2

（2）按照案例资料输入相关信息，如图 11 - 3 所示。

图 11 - 3

（3）单击【保存】。

2. 计提存货跌价准备。

（1）进入【U8 企业应用平台】—【业务工作】—【供应链】—【存货核算】—【跌价准备】—【计提跌价准备】，进入新增界面，如图 11 - 4 所示。

图 11 - 4

（2）输入相关信息，如图 11 - 5 所示。

图 11 - 5

（3）单击【保存】，单击【审核】。

3. 跌价准备制单。

（1）进入【U8 企业应用平台】—【业务工作】—【供应链】—【存货核算】—【跌价准备】—【跌价准备制单】，进入单据查询页面，如图 11 - 6 所示。

图 11 - 6

（2）单击【选单】，进入查询页面，相关信息选择默认条件，单击【确定】，如图 11 - 7 所示。

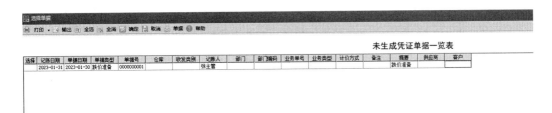

图 11 - 7

（3）选择"跌价准备"，单击【确定】，如图 11 - 8 所示。

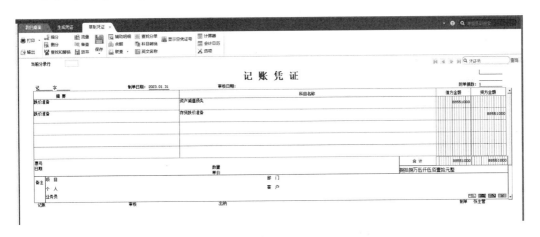

图 11 - 8

（4）单击【制单】，生成凭证，如图 11 - 9 所示。

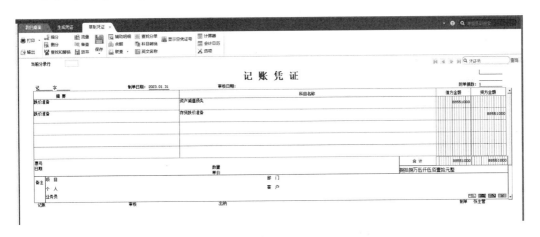

图 11 - 9

（5）单击【保存】。

思 政 小 结

通过存货核算的日常业务处理，引导学生遵守职业道德与法律，廉洁自律，坚守准则。通过案例教学提醒学生一定要具备成本意识，树立底线思维，做好存货核算工作，确保企业实现成本管控目标和预期目标利润。

敬 告 读 者

为了帮助广大师生和其他学习者更好地使用、理解和巩固教材的内容，本教材配课件，读者可关注微信公众号"会计与财税"浏览相关信息。

如有任何疑问，请与我们联系。

QQ：16678727

邮箱：esp_bj@163.com

教师服务 QQ 群：606331294

读者交流 QQ 群：391238470

经济科学出版社
2023 年 9 月

会计与财税

教师服务 QQ 群

读者交流 QQ 群

经科在线学堂